IRONMAN'S
MASSE
TRAINING

STEVE HOLMAN

CIP-Titelaufnahme der deutschen Bibliothek:
Steve Holman
Ironmans Masse-Training – 10 Super-Programme
4. Auflage Novagenics Verlag 2004

Photos von Michael Neveux

Originalausgabe erschienen als:
Steve Holman: Ironman's Mass-Training Tactics – Size-Building
Strategies For Home- or Commercial-Gym Bodybuilders
Copyright © 1993 Stephen T. Holman

Alle Rechte an der deutschen Ausgabe 1996-2004:
Novagenics Verlag, D-59755 Arnsberg

Zu diesem Buch

Ironmans Masse-Training soll Ihnen helfen, durch Bodybuilding Muskeln aufzubauen. Hartes Krafttraining verlangt Ihrem Körper einiges ab. Der Autor empfiehlt daher, vor Aufnahme eines Trainingsprogramms unbedingt eine ärztliche Untersuchung durchführen zu lassen und das Einverständnis eines Arztes bezüglich des Gewichttrainings einzuholen. Die Anwendung der im Buch geschilderten Masseaufbau-Programme erfolgt auf eigene Gefahr.

Shawn Ray: Gigantische Muskelmasse

INHALT

»ICH HABE 20 JAHRE GEBRAUCHT, UM HERAUSZUFINDEN,
DASS ES BESSER IST, VON EINER ÜBUNG STATT VIER
NUR ZWEI SÄTZE AUSZUFÜHREN. DANN BRAUCHTE ICH
NOCH EINMAL 20 JAHRE, UM ZU BEGREIFEN,
DASS EIN SATZ NOCH BESSER IST ALS ZWEI SÄTZE.«

ARTHUR JONES, IRONMAN JULI 1993

Die Liste der Leute, die maßgeblich an der Entstehung dieses Buches beteiligt waren, ist schier endlos. Dennoch möchte ich einige von ihnen beim Namen nennen: John Balik, Herausgeber des »Ironman«-Magazins und eine wahre Inspiration; Michael Neveux, Mitbesitzer des »Ironman« und Fotograf der Meisterklasse; Ruth Silverman, Lektorin des »Ironman«; Leon Bach, »Ironman« Art Director; Faith Walker, Bill McKnight, Tom Pearlman, Jerry Robinson, und Nadine Sondej.

Den größten Dank schulde ich meiner Familie, einschließlich meiner lieben Frau Becky, meiner Tochter Chelsea; meiner Mutter Janice Pearlman; meinen Schwestern Lisa Holman und Lori Paul; meinem Vater Terry Holman und meinen Großmüttern Cleo West und Carolyn Holman. Die Familie ist immer das Rückgrat von Erfolg und Leistung.

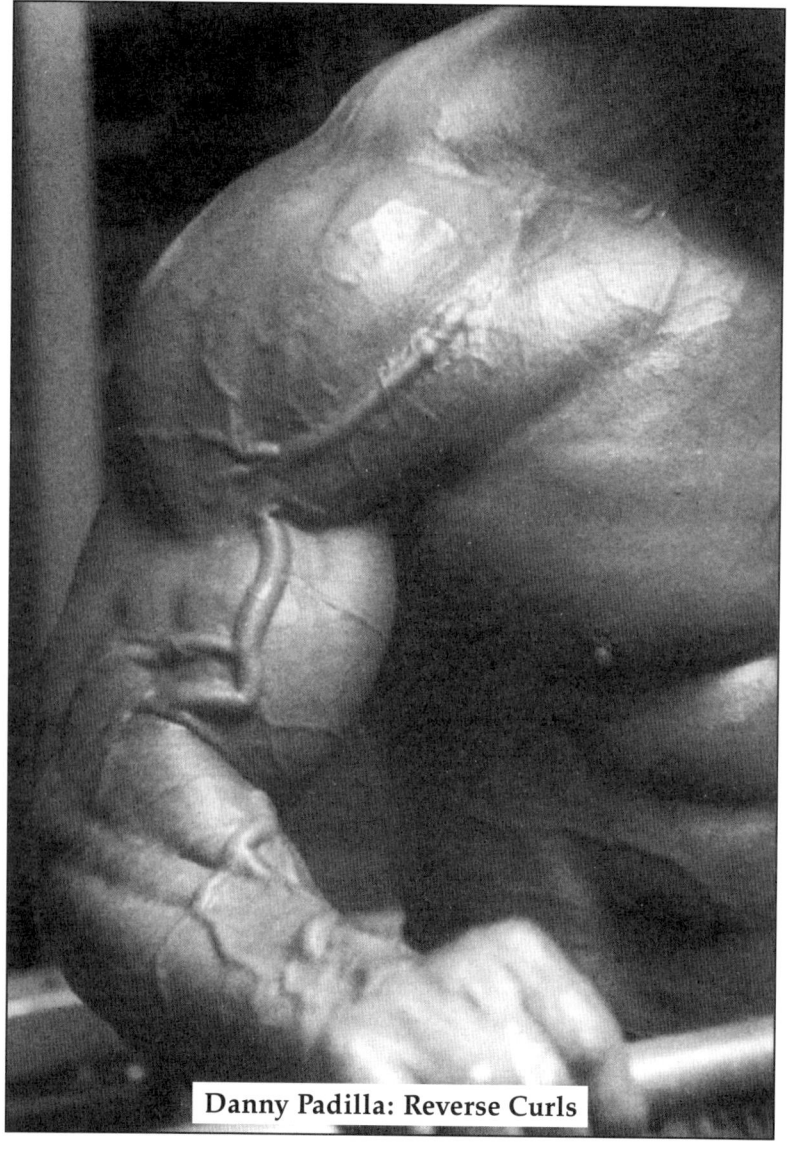

Danny Padilla: Reverse Curls

Definition und Vaskularität eines Profi-Bodybuilders

Arnold Schwarzenegger (Photo: Gene Mozee)

Lee Labrada: Volle Intensität

Brian Buchanan: Massiver Rücken

Mike Quinn: Schwere Überzüge

EINLEITUNG

Sollten Sie immer noch nach der einzig wahren Taktik für maximalen Masseaufbau suchen, so können Sie die Suche sofort abbrechen. Nicht, daß es sie nicht gibt – im Gegenteil, sie existiert. Sie werden sogar in Kürze feststellen, daß es nicht nur eine, sondern sogar mehrere »magische« Masseaufbau-Strategien gibt.

Dieses Buch ist eine Sammlung der effektivsten Trainingssysteme, die es je gab. Auf den folgenden Seiten werden zehn der besten Masseaufbau-Programme ausführlich beschrieben und erklärt. Jedes einzelne Programm enthält die notwendigen Zutaten für optimalen Muskelaufbau, zusammen mit einer Vielzahl an Übungen und Variationsmöglichkeiten.

Jeder Bodybuilder weiß, daß man sein Training variieren muß, um optimale Trainingserfolge zu erzielen. Um mehr Muskelmasse aufzubauen, müssen Sie Ihren Körper sowohl aus körperlichen als auch aus mentalen Gründen von Zeit zu Zeit neuen Trainingsreizen aussetzen. Wer tagein, tagaus mit dem selben Programm, den gleichen Übungen, Wiederholungen und der gleichen Anzahl an Sätzen trainiert, für den sind Plateaus oder sogar Rückschritte unvermeidlich. Sie werden eingefahren, Ihre Fortschritte verlangsamen sich und großartige Trainingseinheiten werden zu einer verblassenden Erinnerung. Aus diesem Grund ist es sinnvoll, Ihr Trainingsprogramm etwa alle sechs Wochen zu verändern. So bleiben Sie hochmotiviert und können in jeder Trainingseinheit mit maximaler Intensität trainieren.

Wenn Sie Zuhause trainieren und bisher annahmen, es läge an Ihrer begrenzten Ausrüstung, daß Sie keine weiteren Fortschritte machen, so liegen Sie falsch. In diesem Buch finden Sie zehn verschiedene Trainingsprogramme, von denen Sie jedes einzelne schon mit einer kleinen Basisausrüstung auch daheim voll ausnutzen können. Jede Strategie gibt Ihnen ein kleines Extra, mit dem Sie neues Wachstum stimulieren und bessere Leistungen möglich machen: Das berühmte 20er Kniebeugensystem. Das Rotations-Phasentraining. Das Power-Pyramiden-Programm. Das Belastungspositions-Massetraining (BP-Training). Das gezielte Überlastungstraining. Diese Programme, zusammen mit all den anderen in diesem Buch, geben Ihnen das notwendige Rüstzeug für ein abwechslungsreiches und kontinuierlich hochintensives Training. Nur so schaffen Sie die optimalen Voraussetzungen für maximalen Masseaufbau.

Das Motto dieses Buches ist schnell zusammengefaßt: Lassen Sie Ihr Trainingsprogramm nicht zur Routine werden. Ständige Veränderung des Programms führt zu stetiger Veränderung Ihres Körpers. Haben Sie keine Angst vor Veränderungen. Wie ich bereits in »Ironman's Home Gym Handbuch« sagte: »Wir bemühen uns um Ordnung, aber wir streben nach Veränderung.« Lassen Sie mich dieses Zitat so verändern, daß es ein wenig masseorientierter wird: »Wir bemühen uns um Ordnung, aber wir wachsen durch Veränderungen.« Alles, was Sie tun müssen, ist, ein wenig Abwechslung in Ihr Programm zu bringen – verändern Sie Ihre Strategie, indem Sie eines der zehn folgenden Programme einbauen und schon werden Sie frischen Wind spüren. Der erzielte Wachstumsschub wird selbst Ihre kühnsten Erwartungen übertreffen.

Dieses Buch ergänzt das »Ironman's Home Gym Handbuch« perfekt. Es erscheint daher angemessen, mit einer kurzen Zusammenfassung des ersten Buches zu beginnen. Sie werden dadurch nicht nur größeren Nutzen aus den hier vorgestellten Programmen ziehen, sondern aus nahezu jedem anderen Trainingsprogramm.

Lesen Sie im Folgenden die wichtigsten Thesen aus »Ironman's Home Gym Handbuch«:

Teilen Sie Ihr Training immer in verschiedene Phasen auf. »Phasentraining« bedeutet, daß Sie die Trainingsintensität variieren. Sie trainieren beispielsweise sechs Wochen lang jeden Satz (außer der Aufwärmsätze) bis an den Punkt des Muskelversagens (das ist der Punkt, an dem Sie mit korrekter Technik keine weitere Wiederholung mehr ausführen können). Wechseln Sie anschließend für zwei Wochen zu einem weniger intensiven Training, indem Sie jeden Satz ein oder zwei Wiederholungen vor dem Punkt des Muskelversagens beenden. In dieser Zeit können sich Ihre Muskeln von den Strapazen der vorangegangenen hochintensiven Trainingsphase vollständig erholen. Durch Phasentraining bauen Sie schneller Muskeln auf als mit einem ständig hochintensiven Training, welches ohnehin nur für einen begrenzten Zeitraum angewandt werden kann und danach unweigerlich zu Übertraining und Stagnation führt (Phasentraining basiert auf Dr. Hans Seyles Modell der generellen Adaptation, das in »Ironman's Home Gym Handbuch« erläutert ist).

Beginnen Sie jede Trainingseinheit mit einem gründlichen Aufwärmprogramm. Verzichten Sie niemals auf die Aufwärmsätze. Wissenschaftliche Studien haben gezeigt, daß Sie bis zu 20 Prozent mehr Muskelzuwachs erreichen, wenn Sie sich vernünftig aufwärmen. Außerdem ist korrekt durchgeführtes Aufwärmen der beste Schutz vor Verletzungen, die schon so manche Bodybuilding-Karriere vorzeitig beendet haben.

Setzen Sie Intensitätstechniken nur sparsam ein. Wenn Sie mit erzwungenen Wiederholungen, 11/4-Wiederholungen, Negativwiederholungen und den anderen Variationen aus »Ironman's Home Gym Handbuch« arbeiten, steigern Sie Ihre Trainingsintensität ganz beachtlich. Die Gefahr, überzutrainieren, steigt ebenso. Führen Sie niemals mehr als zehn Sätze mit zusätzlichen Intensitätstechniken aus. Weniger ist auch an dieser Stelle mehr. Vertrauen Sie auf die guten alten Grundübungen. Wenn Sie wirklich Masse aufbauen wollen, dann sollten Kniebeugen, Bankdrücken, Kreuzheben, Klimmzüge, Dips und Variationen dieser Übungen die Grundlage Ihres Massetrainings bilden.

Trainieren Sie härter anstatt länger. Richten Sie sich nach der vorgegebenen Anzahl der Sätze und fügen Sie keine weiteren hinzu. Als Grundregel gilt: Nie mehr als insgesamt 24 Sätze pro Trainingseinheit. Die meisten Bodybuilder kämen mit weniger sogar noch besser zurecht. Denken Sie immer daran: Trainingsintensität, nicht Trainingsdauer, ist der Schlüssel zum Muskelaufbau. Vergleichen Sie einmal die Oberschenkel eines Marathonläufers mit denen eines Sprinters. Die des erstgenannten sind dünn und sehnig von vielen langen Trainingseinheiten mit geringer Intensität. Die Beinmuskulatur des Sprinters ist massig und kraftvoll durch kurze, intensive Belastungen.

Variieren Sie Ihr Trainingsprogramm. Wenn das Training langweilig wird, ist es an der Zeit, etwas zu verändern, damit es wieder interessant wird. Um die Wirksamkeit eines jeweiligen Trainingsprogramms zu testen, sollten Sie aber mindestens drei Wochen bei einem Programm bleiben. Wenn Sie Ihr Programm wöchentlich ändern, ist es fast unmöglich herauszufinden, ob es effektiv ist oder nicht. Masseaufbau findet nicht von heute auf morgen statt. Nehmen Sie sich die notwendige Zeit.

Dieses Buch knüpft an den letzten Punkt an und liefert Ihnen die notwendigen Details für produktive Veränderungen Ihres Trainingsplans, egal, ob Sie Zuhause oder im Studio trainieren. Wenn Sie die beschriebenen Trainingspläne korrekt und systematisch befolgen, werden Sie eine unglaubliche Muskulatur aufbauen. Trainieren Sie hart, intelligent und effizient. Viel Glück!

»SIE MÜSSEN IHR TRAINING STÄNDIG VERÄNDERN,
DAMIT SICH DER KÖRPER NICHT AN EIN
BESTIMMTES TRAININGSPROGRAMM GEWÖHNT.«

SANDY RIDDELL, IRONMAN AUGUST 1993

KAPITEL 1

ROTATIONS PHASEN TRAINING

Paul Jean-Guillaume: Langhantel-Konzentrationscurl

Mike Ashley: Langhantel-Scottcurl

Schon in »Ironman's Home Gym Handbuch« konnten Sie lesen, daß Phasentraining, oder besser gesagt, die Variation der Trainingsintensität, der Schlüssel zu schnellem Masseaufbau ist. Sicher haben Sie bei der Lektüre der verschiedenen Bodybuilding-Magazine schon festgestellt, daß Phasentraining die Grundlage zahlreicher Periodisierungsprogramme ist. Wahrscheinlich haben Sie auch schon von den vielen Vorteilen dieser Programme gehört. Von den Vorteilen gehört zu haben, ist schön und gut, Sie sollten diese aber auch zu nutzen wissen.

Viele Bodybuilder schwören auf Phasentraining – sie schaffen es aber nicht, die Trainingsintensität für einige Wochen herunterzuschrauben und ihrem Körper somit die Möglichkeit zur vollständigen Erholung zu geben. Diese Sportler denken vielleicht, wenn man mit einem Programm erst einmal richtige Fortschritte macht, sollte man die Intensität nicht herabsetzen. Das käme einem beherzten Griff zur Handbremse gleich. Oder: Macht man keine oder nur sehr langsame Fortschritte, so kann dieses Plateau nur durch überdurchschnittliche Anstrengungen überwunden werden.

Da sich die meisten Bodybuilder eigentlich immer in einer der beiden Situationen befinden, treten sie buchstäblich in jedem Training das Gaspedal voll durch. Leider, und das wissen Sie bereits, führt diese Methode fast zwangsläufig dazu, daß sie mit Vollgas ins Übertraining hineinrauschen.

Allen Bodybuildern, die das Phasentraining verstehen und anwenden (hoffentlich die Mehrheit), denen es aber unmöglich erscheint, die Trainingsintensität zu reduzieren, möchte ich hier einen Weg aufzeigen. Es ist möglich, die Intensität herunterzuschrauben ohne daß Sie sich dessen richtig bewußt werden. Wenn Sie Ihren Übereifer, der Sie bislang daran gehindert hat, massive Muskelmasse aufzubauen, wirklich bremsen wollen, müssen Sie sich lediglich eines psychologischen Tricks bedienen. Das ist einfacher, als Sie denken: Verändern Sie Ihre Übungen – und damit meine ich jede einzelne – alle vier bis sechs Wochen. Das ist Rotations-Phasentraining, und es wirkt.

Wenn Sie Ihren Trainingsplan immer wieder komplett auf den Kopf stellen, können Sie ständig mit hoher Intensität trainieren, ohne sich zu sehr zu verausgaben. Das klingt wie ein Widerspruch, ist aber keiner. Führen Sie sich einmal die grundlegenden Gesetzmäßigkeiten des Trainings vor Augen und Sie werden feststellen, was ich meine: Wenn Sie neue Übungen in Ihren Trainingsplan einbauen, braucht der Körper ein bis zwei Wochen, um sich daran zu gewöhnen. Während der ersten drei bis vier Trainingseinheiten lernen Sie erst einmal den korrekten Bewegungsablauf. Mit anderen Worten, Sie lernen, für die entsprechende Übung so viele Muskeln und Muskelfasern wie möglich einzusetzen.

In den ersten Tagen nach dem Wechsel werden Sie Ihre Kraft in den entsprechenden Übungen enorm steigern. Diese Kraftsteigerung ist auf eine verbesserte Koordination des Bewegungsablaufes zurückzuführen, aber nicht auf eine tatsächliche Verbesserung Ihrer Kraft. Was Ihnen vermutlich nicht bewußt wird: Die Trainingsintensität ist in diesen Wochen des Lernens (oder Wiedererlernens) niedriger als sonst; selbst wenn Sie jeden Satz bis an den Punkt des Muskelversagens trainieren. Indem Sie konstant die Übungen in Ihrem Trainingsplan auswechseln, reduziert sich die Trainingsintensität quasi von selbst.

Nehmen wir einmal an, Sie wollten Phasentraining anwenden. Sie trainieren vier bis sechs Wochen hochintensiv, anschließend für zwei Wochen mit reduzierter Intensität. Aber, aus welchem Grund auch immer, es gelingt Ihnen nicht, die Intensität merklich zu reduzieren. Auch dafür gibt es Lösungen.

• Wechseln Sie alle sechs Wochen die Übungen komplett gegen neue aus und trainieren Sie immer bis zum Muskelversagen, oder zumindest bis kurz davor. So trainieren Sie automatisch bis zu zwei Wochen mit reduzierter Intensität, da Sie sich erst an die neuen Übungen gewöhnen müssen. Anschließend folgen vier Wochen hochintensives Training, in denen Sie das verbesserte Zusammenspiel von Nerven und Muskeln für maximale Intensität nutzen.

- Folgen Sie Ihrem Trainingsplan bis zu sechs Wochen und ersetzen Sie ihn dann für eine Woche durch ein völlig anderes Programm. Kehren Sie anschließend für vier bis sechs Wochen zu Ihrem alten Plan zurück. So durchlaufen Sie in der einen Woche eine Lernphase und nach dem Wechsel zum alten Programm eine zweite, kürzere Lernphase. Das bedeutet ein bis zwei Wochen Training mit niedriger Intensität.

Verwenden Sie das Rotations-Phasentraining während Ihrer gesamten Bodybuilding-Karriere. Es ist eine der besten Methoden, Übertraining zu vermeiden und Ihren Enthusiasmus immer wieder neu zu entflammen. Rotations-Phasentraining läßt sich in jeden Trainingsplan einbauen. Studieren Sie die folgenden Trainingspläne und Sie werden verstehen, worum es bei diesem Konzept geht. Alle Masse-Konzepte in diesem Buch enthalten zwei Trainingsprogramme, so daß Sie das Rotations-Phasentraining immer anwenden können.

Rotations-Phasentraining garantiert einen schnellen Masseaufbau. Haben Sie also keine Angst vor dem kleinen Trick, mit dem Sie die Trainingsintensität kurzfristig reduzieren. Sie werden so unglaublich an Masse und Kraft zulegen.

*

Rotations-Phasentraining

Trainingsplan 1

Montag & Donnerstag

vord. Oberschenkel	Kniebeugen	2 x 10−15
hint. Oberschenkel	Kreuzheben mit gestreckten Beinen	1 x 10−15
Brust	Bankdrücken	2 x 8−12
Latissimus	Klimmzüge zur Brust	2 x 8−12
Rücken	Rudern, vorgebeugt	1 x 8−12
Schultern	Nackendrücken	2 x 8−12
	Rudern, stehend mit weitem Griff	1 x 8−12
Waden	Wadenheben auf einem Bein	2 x 12−20
Trizepse	Trizepsdrücken mit der Langhantel, liegend	1 x 8−12
Bizepse	Langhantelcurls	1 x 8−12
Bauchmuskeln	Bauchpressen	1 x 15−25

Rotations-Phasentraining

Trainingsplan 2

Montag & Donnerstag

vord. Oberschenkel	Kniebeugen auf einem Bein	2 x 10–15
hint. Oberschenkel	Beincurls	1 x 10–15
Brust	Schrägbankdrücken mit Kurzhanteln	2 x 8–12
Latissimus	Klimmzüge mit Untergriff	2 x 8–12
Rücken	Rudern, vorgebeugt mit einer Kurzhantel	1 x 8–12
Schultern	Nackendrücken mit Kurzhanteln	2 x 8–12
	Seitheben	1 x 8–12
Waden	Wadenheben, vorgebeugt	2 x 12–20
Trizepse	Dips zwischen zwei Bänken	1 x 8–12
Bizepse	Kurzhantelcurls, sitzend	1 x 8–12
Bauchmuskeln	Bauchpressen, revers	1 x 15–25

»DIE KNIEBEUGE IST DIE BESTE
OBERSCHENKEL-ÜBUNG, DIE ICH KENNE.
GLEICHZEITIG STÄRKT SIE DAS GESAMTE
HERZ-KREISLAUFSYSTEM.«

ARNOLD SCHWARZENEGGER, KARRIERE EINES BODYBUILDERS

KAPITEL 2

ANABOLE BESCHLEU-NIGUNG

Tom Platz: Kniebeuge

Die Kniebeuge hat in der Geschichte des Bodybuildings mehr Muskelmasse aufgebaut als jede andere Übung. Fast jeder große Athlet hat damit innerhalb kurzer Zeit enorme Muskelmasse aufgebaut. Der Kniebeuge wurden schon viele Namen gegeben, von »natürliches Anabolikum« bis hin zu »der Übung, die der Bodybuilder am meisten haßt«. Dafür gibt es gute Gründe: Sie ist schwer, anspruchsvoll, gefürchtet und gehaßt – wirklich die Königin der Masseübungen.

In seinem Buch »Super Kniebeugen« sagt Randall Strossen folgendes über das 20er-Kniebeugensystem: »Sportler, die mit allen anderen Programmen keinen Muskelzuwachs erzielen konnten, legten plötzlich in ein oder zwei Monaten 10 Kilo Muskelmasse zu.« Strossen behauptet von sich, daß er mit diesem Programm 13 Kilo Muskelmasse in sechs Wochen aufgebaut hat, und das bei seinem relativ schlanken Knochenbau.

Mit der Kniebeuge legen Sie fast von selbst an Masse zu. Ich sage bewußt »fast«, weil es alles andere als leicht ist, einen Satz Kniebeugen bis an die äußersten Grenzen durchzuführen. Vielleicht sollte ich besser sagen, mit der Kniebeuge legen Sie mehr Masse zu als je zuvor. Führen Sie schwere Atem-Kniebeugen immer nur im Anschluß an zwei Aufwärmsätze aus, in denen Sie das Gewicht schrittweise erhöhen, um sich auf Ihren schwersten Satz vorzubereiten. So werden schwere Atem-Kniebeugen korrekt ausgeführt:

- Beladen Sie eine im Kniebeugenständer liegende Langhantelstange mit einem Gewicht, welches Sie normalerweise für 12 Wiederholungen verwenden. Machen Sie sich aber schon jetzt mit dem Gedanken vertraut, daß Sie 20 Wiederholungen schaffen müssen, nicht eine weniger.
- Stellen Sie sich vor den Kniebeugenständer und umfassen Sie die Hantelstange mit schulterweitem Obergriff. Treten Sie unter die Langhantel und plazieren Sie die Stange so, daß sie

im Nacken und auf den Schultern aufliegt. Umwickeln Sie die Stange gegebenenfalls vorher mit einem Handtuch, um Druckstellen vorzubeugen.

- Atmen Sie tief ein, heben Sie die Hantel aus der Ablage und treten Sie vorsichtig einen Schritt zurück. Nehmen Sie einen sicheren Stand ein, die Füße etwa zehn Zentimeter mehr als schulterbreit auseinander, die Fußspitzen leicht nach außen gerichtet.
- Stehen Sie aufrecht, legen Sie den Kopf zurück in den Nacken und fixieren Sie Ihren Blick auf einen Punkt in Augenhöhe an der Wand vor Ihnen. Holen Sie einige Male tief Luft und beginnen Sie dann einatmend mit der Abwärtsbewegung. Halten Sie Ihren Rücken gerade und Ihren Blick auf den Punkt an der Wand gerichtet, während Sie langsam in die Hocke herabgehen. Sie müssen Ihren Rumpf so aufrecht wie möglich halten. Die Abwärtsbewegung sollte zwei bis drei Sekunden dauern.
- Beginnen Sie mit der Aufwärtsbewegung, sobald sich Ihre Oberschenkel parallel zum Boden befinden. Vermeiden Sie jegliches »Abfedern« in der tiefsten Position der Kniebeuge. Drücken Sie sich allein unter Einsatz Ihrer Oberschenkelmuskulatur in einer zügigen, aber kontrollierten Bewegung in die Ausgangsposition zurück und atmen Sie dabei aus. Während der Aufwärtsbewegung sollte Ihr Blick auf den zuvor gewählten Punkt gerichtet bleiben.
- Atmen Sie dreimal tief durch und beginnen Sie während des vierten Atemzugs erneut mit der Abwärtsbewegung. Atmen Sie nach jeder Wiederholung mindestens dreimal tief durch. Ab der zehnten Wiederholung werden Sie wahrscheinlich sechs- bis zehnmal atmen müssen.
- Geben Sie alles, was in Ihrer Macht steht, um die 20 Wieder-

26

holungen zu schaffen. Geben Sie nicht vorher auf. Wenn Sie
20 Wiederholungen ausgeführt haben, legen Sie die Hantel ab
und wechseln sofort zu Überzügen mit einer schweren Kurzhantel. Atmen Sie beim Herabsenken der Hantel ein und
während der Aufwärtsbewegung aus. So verbessern Sie die
Regeneration, den Stoffwechsel und weiten gleichzeitig Ihren
Brustkorb.

- Das 20er-Kniebeugensystem ist derart intensiv, daß Sie es bei
einem einzigen Satz pro Trainingseinheit belassen können.
Erhöhen Sie bei jedem weiteren Training das Gewicht für die
Atem-Kniebeuge um 2,5 Kg und versuchen Sie, wieder auf
20 Wiederholungen zu kommen.

Das klingt gar nicht so schwer, oder? Wenn Sie aber jemals Atem-
Kniebeugen trainiert haben, wissen Sie, daß es sich bei dieser
Übung um einen Höllentrip für Masochisten handelt. Es gibt da
geflügelte Worte von Stuart McRobert, dem Autor von »Brawn«
und der »Ironman Hardgainer«-Kolumne, die es auf den Punkt
bringen:

»Diese Übung ist mehr als brutal. Wenn Ihr Körper bereits die
weiße Fahne schwingt, dann brauchen Sie eine ungeheure Willens-
kraft, um sich weitere Wiederholungen abzuringen. Ihre Beine
werden zittern, Ihr Rücken um Gnade schreien und Ihre Brust
wird sich in schneller Folge heben und senken... aber Sie werden
eine nach der anderen Wiederholung erzwingen, bis Sie die zwan-
zigste abgeschlossen haben. Sie werden vielleicht Alpträume bekommen, wenn Sie nur daran denken, die gleiche Wiederholungszahl mit einem höheren Gewicht machen zu müssen. Bezwingen
Sie diese Angst und verwandeln Sie sie in ein positives Gefühl.«

Die »brutale« Belastung durch die Kniebeuge bewirkt eine anabole Beschleunigung, wie Sie sie noch nie erlebt haben. Wenn wir
von Masseaufbau sprechen, bedeutet härter trainieren auch besser

27

trainieren. Daher übertreffen beim Masseaufbau Grundübungen, die mehrere Muskelgruppen gleichzeitig beanspruchen, Isolationsübungen bei weitem – und die Kniebeuge ist die härteste aller Grundübungen.

Wieviele Sätze dieser Tortur Sie ertragen müssen? Machen Sie Witze? Wenn Sie mehr als einen Satz machen, haben Sie nicht nur Prügel verdient, sondern sollten sich gleich ein Bett im Krankenhaus reservieren lassen. Sie können diese Übung dann in »Killer« umtaufen. Egal ob Anfänger oder Profi, ein Satz reicht völlig aus, um den ganzen Körper mit Wachstumsreizen zu überfluten. Vergessen Sie nicht, daß die Kniebeuge viele Muskelgruppen gleichzeitig trainiert. Das macht sie zu einer sehr effektiven Übung. Wenn Sie Kniebeugen mit schwerem Gewicht ausführen, trainieren Sie primär die Oberschenkel, Beinbizepse, Gesäßmuskeln und den unteren Rücken. Waden, Bauchmuskeln und der obere Rücken werden ebenfalls beansprucht, indem Sie stützende Funktionen übernehmen. Unterschätzen Sie niemals den Effekt schwerer Atem-Kniebeugen auf das Herz-Kreislaufsystem und die Atmungsorgane. Nach einem 20er-Satz werden Sie schnaufen wie eine alte Dampflokomotive.

Atem-Kniebeugen haben auch meßbare Auswirkungen auf die Testosteronproduktion. Viele wissenschaftliche Untersuchungen belegen, daß Kniebeugen und Kreuzheben, die jeweils große Muskelgruppen beanspruchen, die Produktion anaboler Hormone deutlich steigern. Wenn Sie Kniebeugen in der hier beschriebenen Art und Weise trainieren, nämlich mit hoher Intensität, aber nicht so oft, dann hat das ähnliche Auswirkungen auf Ihren Körper wie die Zufuhr anaboler Steroide.

»Mit hoher Intensität« bedeutet, daß Sie immer bis an den Punkt des totalen Muskelversagens gehen. Mit anderen Worten, Sie trainieren, bis Sie nicht mehr können – und dann führen Sie zwei weitere Wiederholungen aus. Das ist wahre Intensität. »Nicht so oft« mag Ihnen unlogisch erscheinen. Es soll heißen, daß Sie diese Übung auch falsch einsetzen können. Verfallen Sie nicht in den Irrglauben, daß »mehr« auch »besser« ist. Wenn Sie Atem-Kniebeugen an zwei Tagen pro Woche trainieren, bekommt Ihr Körper soviele Wachstumsreize, wie er gerade noch verarbeiten kann. Noch mehr Kniebeugen führen unweigerlich zu Überlastung und Übertraining.

Das 20er-Kniebeugensystem bewirkt in punkto Muskelaufbau selbst beim dünnsten Menschen Wunder. Versuchen Sie es, aber verändern Sie das Programm nicht. Fügen Sie keine weiteren Trainingstage oder Übungen hinzu. Ich garantiere Ihnen, Sie werden einen Wachstumsschub erfahren, der Ihre kühnsten Träume übertreffen wird – selbst wenn Sie zu den Menschen zählen, bei denen bislang nichts gewirkt hat. Hier noch einige Tips zum 20er-Kniebeugensystem:

- Essen Sie reichlich! Sie müssen täglich viele nahrhafte Kalorien aufnehmen. Behalten Sie dabei Ihre Bauchmuskeln im Auge. Sollten diese langsam verschwinden, essen Sie zuviel. Sechs kleine Mahlzeiten am Tag sind besser als drei große.
- Wärmen Sie sich für jede Übung mit ein bis zwei leichten Sätzen auf.
- Erhöhen Sie die Trainingsgewichte. Legen Sie für die Kniebeuge in jeder Trainingseinheit 2,5 Kg mehr auf. Vergessen Sie nicht, auch bei den anderen Übungen, wenn möglich, die Gewichte zu erhöhen.
- Hüten Sie sich vor Übertraining. Wenn Sie erschöpft sind oder sich müde fühlen, sollten Sie in Plan 1 das Kreuzheben mit gestreckten Beinen oder in Plan 2 die Good Mornings streichen. Sie können auch die zwei Armübungen ausfallen lassen, weil Sie Bizepse und Trizepse schon beim Rudern, Klimm-

zügen und allen drückenden Bewegungen ausreichend mittrainieren.

* Trainieren Sie das 20er-Kniebeugensystem nie länger als sechs Wochen.

*

Anabole Beschleunigung
Trainingsplan 1

Montag & Donnerstag

vord. Oberschenkel	Atem-Kniebeugen	1 x 20
	unmittelbar gefolgt von	
	Kurzhantel-Überzügen	1 x 15–20
	danach fünf Minuten Pause	
Waden	Wadenheben, vorgebeugt	1 x 15–20
hint. Oberschenkel	Kreuzheben mit gestreckten Beinen	1 x 15
Brust	Bankdrücken	1 x 8–10
	Fliegende Bewegungen auf der Schrägbank	1 x 8–10
Rücken	Rudern, vorgebeugt	1 x 8–10
Latissimus	Klimmzüge zur Brust	1 x 8–10
Schultern	Nackendrücken	1 x 8–10
Trizepse	Bankdrücken mit engem Griff	1 x 8–10
Bizepse	Langhantelcurls	1 x 8–10
Bauchmuskeln	Bauchpressen	1 x 15–20

Anabole Beschleunigung
Trainingsplan 2

Montag & Donnerstag

vord. Oberschenkel	Atem-Kniebeugen	1 x 20
	unmittelbar gefolgt von	
	Langhantel-Überzügen	1 x 15–20
	danach fünf Minuten Pause	
Waden	Wadenheben auf einem Bein	1 x 15–20
hint. Oberschenkel	Good Mornings	1 x 15
Brust	Schrägbankdrücken	1 x 8–10
	Fliegende Bewegungen	1 x 8–10
Rücken	Kurzhantelrudern, liegend auf einer Schrägbank	1 x 8–10
Latissimus	Klimmzüge mit Untergriff	1 x 8–10
Schultern	Nackendrücken mit Kurzhanteln	1 x 8–10
Trizepse	Dips mit einwärts gestellten Ellbogen	1 x 8–10
Bizepse	Kurzhantelcurls, sitzend	1 x 8–10
Bauchmuskeln	Bauchpressen, revers	1 x 15–20

»DIE KNIEBEUGE KANN ALS ALLHEILMITTEL GELTEN.
RICHTIG ANGEWANDT, IST IHR POTENTIAL FÜR
KÖPERLICHE VERÄNDERUNGEN GEWALTIGER
ALS IRGEND ETWAS SONST AUF DER WELT.«

RANDALL STROSSEN, SUPER KNIEBEUGEN

»ICH HABE OFT KREUZHEBEN AUSGEFÜHRT, WENN ICH MIT FRANCO COLOMBO TRAINIERT HABE. KREUZHEBEN STAND EIN- ODER ZWEIMAL PRO WOCHE AUF DEM PLAN, ABER NIE MEHR ALS DREI SÄTZE. DURCH KREUZHEBEN WIRKTEN UNSERE RÜCKEN SEHR MASSIV UND ICH GLAUBE, DIESE ÜBUNG SORGTE AUCH FÜR DIE TIEFEN EINSCHNITTE UND MUSKELTEILUNGEN IM UNTEREN RÜCKEN.«

ARNOLD SCHWARZENEGGER, IRONMAN MAI 1993

KAPITEL 3

STOFFWECHSEL META-MORPHOSE

Bev Francis: Kreuzheben

Kreuzheben ist eine sensationelle Übung. Sie hat die Fähigkeit, den Masseaufbau am ganzen Körper derart zu beschleunigen, daß man sie auch als »Stoffwechsel-Metamorphose«-Übung bezeichnet. Man kann darüber streiten, welche von beiden Übungen mehr Masse aufbaut: Kniebeugen oder Kreuzheben. Fest steht aber, daß Kreuzheben mehr Muskelgruppen beansprucht als Kniebeugen.

Kreuzheben trainiert nicht nur den gesamten Rücken, vordere und hintere Oberschenkel, Gesäßmuskeln, Bauchmuskeln und Waden, sondern fordert auch den Armen, Schultern und dem Trapezius einiges ab. Schweres Kreuzheben belastet sowohl Ober- als auch Unterkörper gleichermaßen intensiv und läßt dadurch den gesamten Körper massiger werden. Ihr Trapezius wird wachsen, die Hüften und Oberschenkel werden vor Kraft nur so strotzen und die Rückenstrecker werden aussehen wie zwei fette Pythons, die Ihren Rücken hochkriechen.

Regelmäßig ausgeführtes Kreuzheben kann sogar den Somato-Typus (Körperbau-Typus) eines Menschen verändern. Ein dünner, ektomorpher Körpertyp kann durch Kreuzheben innerhalb weniger Monate zu einem muskulösen, beinahe mesomorphen Typ werden. Diese Übung ist so unglaublich effektiv, weil sie gleichzeitig viele verschiedene Muskeln maximal beansprucht.

Da Kreuzheben den gesamten Körper sehr intensiv belastet, sollten Sie diese Übung mit Vorsicht in Ihren Trainingsplan einbauen. Nicht nur, daß Sie sich verletzen könnten, wenn Sie die Übung mit unsauberer Technik ausführen, es droht auch die Gefahr von Übertraining, wenn Sie Kreuzheben mit zu vielen anderen Übungen kombinieren. So wird korrektes Kreuzheben ausgeführt:

- Stellen Sie sich mit schulterweitem Fußabstand vor eine auf dem Boden liegende Langhantel. Ihre Schienbeine berühren die Stange. Gehen Sie in die Hocke, bis Ihre Oberschenkel sich parallel zum Boden befinden, beugen Sie den Oberkörper vor.

- Greifen Sie die Stange mit schulterweitem Kreuz- oder Wechselgriff (eine Hand mit Obergriff, die andere mit Untergriff). So verstärken Sie Ihre Griffkraft und vermeiden, daß sich die Hände bei schwerem Gewicht öffnen.
- In der Ausgangsposition sind die Knie gebeugt, der Rücken zum Hohlkreuz gewölbt, die Arme gestreckt und der Kopf liegt im Nacken (Blickrichtung nach oben).
- Atmen Sie tief ein, halten Sie den Atem an und heben Sie das Gewicht zunächst unter Einsatz der Beinmuskulatur. Setzen Sie den Rücken erst ein, wenn sich die Hantel auf Höhe der Knie befindet. Jetzt sollten Sie auch mit dem Ausatmen beginnen.
- Richten Sie sich auf, bis Sie gerade stehen. Strecken Sie die Brust heraus und ziehen Sie die Schultern zurück. Lehnen Sie sich in der oberen Position aber nicht ins Hohlkreuz.
- Atmen Sie ein und senken Sie die Hantel wieder auf den Boden herab. Führen Sie die Hantelstange sowohl bei der Aufwärts- als auch bei der Abwärtsbewegung immer so nah wie möglich an den Beinen entlang und lassen Sie die Arme die ganze Zeit über gestreckt.
- Holen Sie zwei- oder dreimal tief Luft, bevor Sie die nächste Wiederholung angehen.
- Achten Sie darauf, die Hantel nicht abrupt anzuheben. Ziehen Sie langsam und lassen Sie das Gewicht zwischen den einzelnen Wiederholungen nicht auf dem Boden abfedern. Wenn die Gewichte schwerer werden, möchten Sie vielleicht Zughilfen zur Unterstützung Ihrer Griffkraft einsetzen. Verwenden Sie Zughilfen aber nur, wenn es gar nicht mehr anders geht. Das Training mit Zughilfen bremst die Entwicklung der Unterarmmuskulatur.

Ich erinnere mich noch genau, als ich nach drei Jahren reinem Bodybuilding-Training mit dem Kraftdreikampf begann und dafür

Kreuzheben in mein Trainingsprogramm aufnahm. Nach nur zwei Monaten mit dem neuen Power-Programm ging ich mit einem Freund an den Strand. Er konnte seinen Augen nicht trauen, als er die Veränderungen an meinem Körper sah. Ich hatte fünf Kilo zugenommen. »Du siehst viel massiger aus.« platzte es aus ihm heraus. »Was hast Du genommen?« Da konnte ich lächelnd antworten: »Schweres Kreuzheben. Zweimal pro Woche.«

Auch Sie werden erstaunt sein, wie sich Ihr Körper verändert, wenn Sie diese Bewegung erst einmal ausprobiert haben. Kreuzheben ist wirklich eine Masseübung der Extraklasse.

*

Stoffwechsel-Metamorphose
Trainingsplan 1

Montag & Donnerstag
Oberschenkel, Gesäß,

unterer Rücken	Kreuzheben	2 x 8–10
	unmittelbar gefolgt von	
	Kurzhantel-Überzügen	2 x 15
Waden	Wadenheben auf einem Bein	1 x 15–20
vord. und hint. Oberschenkel	Ausfallschritt wechselseitig	1 x 10–12
Brust	Schrägbankdrücken	1 x 8–10
	Fliegende Bewegungen	1 x 8–10
	Liegestütz mit erhöhten Beinen	1 x 8–10
Latissimus	Klimmzüge mit Untergriff	1 x 8–10
Rücken	Seitheben, vorgebeugt mit angewinkelten Armen	1 x 8–10
Schultern	Nackendrücken mit Kurzhanteln	1 x 8–10
Trizepse	Trizepsdrücken mit der Langhantel, liegend	1 x 8–10
Bizepse	Kurzhantelcurls auf der Schrägbank	1 x 8–10
Bauchmuskeln	Bauchpressen	1 x 15–20

Stoffwechsel-Metamorphose
Trainingsplan 2

Montag & Donnerstag
Oberschenkel, Gesäß,

unterer Rücken	Kreuzheben	2 x 8–10
	unmittelbar gefolgt von	
	Langhantel-Überzügen	2 x 15
Waden	Wadenheben, vorgebeugt	1 x 15–20
vord. Oberschenkel	Kniebeugen auf einem Bein	1 x 10–12
Brust	Schrägbankdrücken mit Kurzhanteln	1 x 8–10
	Fliegende Bewegungen auf der abwärts geneigten Bank	1 x 8–10
	Bankdrücken	1 x 8–10
Rücken	Rudern, vorgebeugt mit einer Kurzhantel	1 x 8–10
Trapezius	Schulterheben, vorgebeugt	1 x 8–10
Schultern	Military Press	1 x 8–10
Trizepse	Dips zwischen zwei Bänken	1 x 8–10
Bizepse	Langhantelcurls	1 x 8–10
Bauchmuskeln	Bauchpressen, revers	1 x 15–20

41

>>WENN SIE MEHR KRAFT UND MUSKELWACHSTUM
WOLLEN, DANN MÜSSEN SIE REGELMÄSSIG DAS IM
AUGENBLICK UNMÖGLICH ERSCHEINENDE VERSUCHEN.<<

MIKE MENTZER, HEAVY DUTY

KAPITEL 4

SUPER SATZ TRAINING

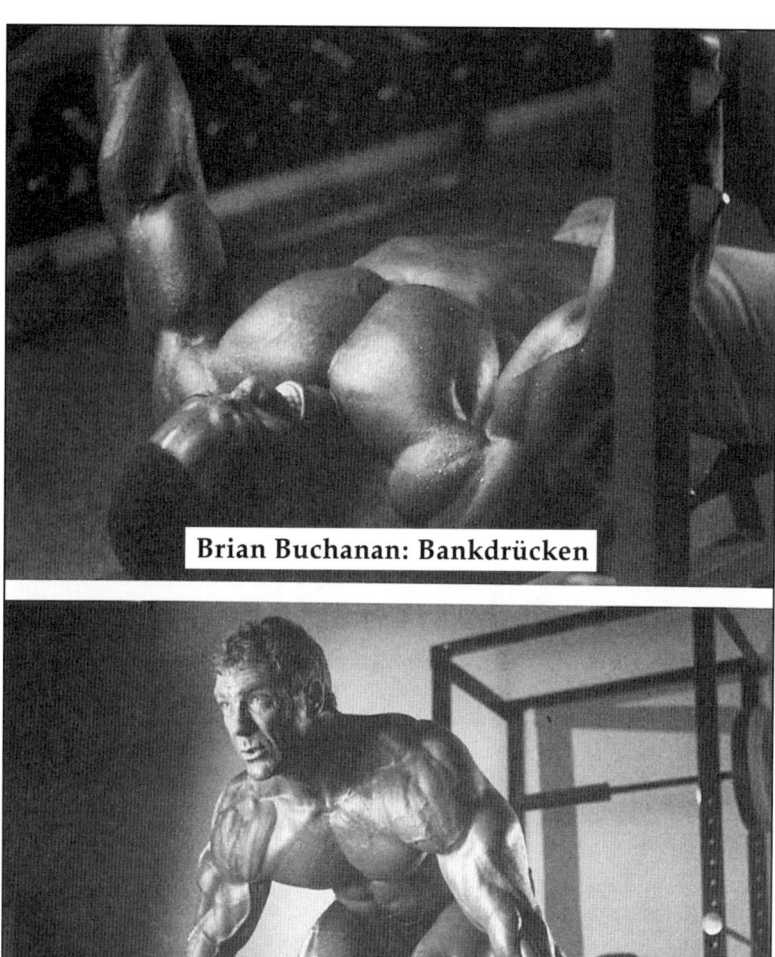

Brian Buchanan: Bankdrücken

Scott Wilson: Vorgebeugtes Rudern

Supersätze, oder besser gesagt, das abwechselnde Ausführen von zwei Übungen für antagonistische (entgegengesetzt wirkende) Muskelgruppen, war in den Siebziger Jahren, zu Arnold Schwarzeneggers Glanzzeiten, eine sehr beliebte Methode, um Masse aufzubauen. Arnold war bekannt dafür, Brust und Rücken in Supersätzen zu trainieren und seinen Oberkörper damit auf überdimensionale Ausmaße aufzupumpen. Anschließend schlenderte er wie ein Pfau mit gespreizten Federn um das Gold's Gym in Venice, Kalifornien. Wer konnte es ihm übelnehmen, bei seiner körperlichen Entwicklung? Viele der großen Männer dieser Ära wandten die Supersatz-Methode an, um noch gewaltiger zu werden – Männer wie Ken Waller, Mike Katz und Franco Colombo.

Ein anderer legendärer Bodybuilder, der gerne mit Supersätzen trainierte, war Bill Pearl. Am liebsten attackierte er damit seine Arme. In einem Artikel der Zeitschrift Muscular Development sagte er einmal: »Mit Supersätzen reiße ich meine Arme regelrecht aus dem Winterschlaf.« Es hat offensichtlich gewirkt, denn seine Arme wuchsen auf gigantische 51 Zentimeter heran. Mancher Anfänger wurde schon vom bloßen Anblick seiner Arme dazu verleitet, Bodybuilding mit der Besessenheit eines Süchtigen zu betreiben.

Arthur Jones, Erfinder der Nautilus-Trainingsgeräte faßte die Vorteile dieser Trainingstechnik in einem Artikel des Ironman Magazins vom November 1971 zusammen: »Da das Trizepstraining einen, wenn auch nur geringen, Trainingsreiz auf den Bizeps ausübt, ist es effektiver und zeitsparender, beide Muskelgruppen im Wechsel zu trainieren. Nehmen wir an, Sie beginnen mit einem Satz Langhantelcurls für die Bizepse. Die leichte Arbeit, die die Bizepse während des anschließenden, engen Bankdrückens (als Trizepsübung) leisten, führt zu einer schnelleren Erholung der Bizepse. Der eingeschobene Satz für die Trizepse beschleunigt die Regeneration der Bizepse, die Sie anschließend härter trainieren können, als wenn Sie in der Pause gar nichts gemacht hätten. Außerdem erreichen Sie viel bessere Resultate, wenn Sie schneller trainieren – Ruhephasen haben exakt den entgegengesetzten Effekt, den man eigentlich erwartet. Anstelle von zwei Sätzen Bizepstraining und anschließend zwei Sätzen Trizepstraining mit den entsprechenden Pausen dazwischen, sollten Sie die Sätze abwechselnd und ohne Pause durchführen. Auf diese Weise erhalten Sie bessere Ergebnisse und das sogar in kürzerer Zeit.«

Da Arthur Jones in diesem Artikel ausschließlich von Bizepsen und Trizepsen spricht, stellt sich die Frage, ob sich das Supersatz-Training genauso produktiv für die übrigen Muskelgruppen anwenden läßt. Wie bereits erwähnt, wandte Arnold diese Methode erfolgreich auf Brust und Rücken an.

Warum trainieren heutzutage nur noch wenige Bodybuilder mit dieser effektiven Methode? Die Antwort ist logisch: Alle Trends unterliegen Zyklen. Obwohl Supersatz-Training in den Siebzigern unglaublich populär war, verschwand es nach einigen Jahren wieder in der Versenkung. Das ist kein Zufall. Schließlich ist Abwechslung ein wesentlicher Schlüssel zum Erfolg. Deshalb verschwinden fast alle Trainingsmethoden nach einiger Zeit wieder, um neuen und eventuell besseren Platz zu machen. Da sich aber alles irgendwann wiederholt, und es immer einige engagierte Bodybuilder gibt, die in den Büchern und Zeitschriften vergangener Tage wühlen, kommt es regelmäßig zu einer Wiederbelebung der guten alten Trainingsmethoden. Wenn auch Sie von der körperlichen Entwicklung der Athleten aus den Siebzigern begeistert sind, sollten Sie das Supersatz-Training einmal versuchen.

Supersätze eignen sich hervorragend für das Training Zuhause. In einem kommerziellen Studio besteht immer die Gefahr, daß ein anderer die Kurzhanteln oder das Gerät, das man als nächstes benötigt, wegnimmt oder belegt. So wird der Supersatz unterbrochen und von einem produktiven Training kann dann nicht mehr die Rede sein. Das soll aber nicht heißen, daß es in einem Studio unmöglich ist, mit Supersätzen zu trainieren. Stellen Sie einfach sicher, daß ein Trainingspartner »Ihr« Gerät für den folgenden Satz bewacht wie ein Luchs.

Unabhängig davon, wo Sie mit dieser Methode arbeiten – ob nun Zuhause oder in einem Fitness-Studio – Sie müssen sich immer vor Augen halten, daß das Training mit Supersätzen unglaublich hart ist. Insbesondere das Training zweier großer Muskelgruppen, wie etwa die vorderen und hinteren Oberschenkel, oder Brust und Rücken, ist sehr erschöpfend. In diesem Fall kann es geschehen, daß Ihre Kondition für den anschließenden Satz nicht ausreicht und Sie die zweite Muskelgruppe nicht intensiv trainieren können. Sollte das der Fall sein, empfiehlt es sich, mit niedrigen Wiederholungszahlen zu beginnen – sagen wir einmal sechs. Verausgaben Sie sich im ersten Satz nicht zu sehr. Beim Supersatz-Training ist es besonders wichtig, daß Sie auch im unmittelbar folgenden Satz über ausreichend Energie verfügen, um diesen mit voller Konzentration ausführen zu können.

Mit den Supersatz-Trainingsprogrammen, die am Ende dieses Kapitels beschrieben werden, wird der erstrebte Massezuwachs nicht lange auf sich warten lassen. Sie basieren auf den altbewährten Grundübungen. Hier noch ein paar Ratschläge, die Ihnen helfen werden, das meiste aus dem Supersatz-Training herauszuholen:

- Beginnen Sie jeden Supersatz mit einem leichten Aufwärmsatz für beide Muskelgruppen.
- Wechseln Sie unmittelbar von der ersten Übung zur zweiten – ohne Pause.
- Pausieren Sie zwei bis drei Minuten zwischen Supersätzen.
- Trainieren Sie nie mehr als insgesamt 20 Sätze pro Trainings-

einheit. Das Supersatz-Training ist viel intensiver als ein gewöhnliches Training mit ausreichenden Erholungspausen. Übertreiben Sie also nicht.

• Führen Sie jeden Satz in korrekter Technik aus.

Einer der Hauptgründe für die Erfolge des Supersatz-Trainings ist psychologischer Art. Wenn Sie zwei entgegengesetzte Muskelgruppen mit Supersätzen trainieren, bekommen Sie in zwei Muskelgruppen gleichzeitig einen enormen Pump. Sie fühlen sich sprichwörtlich riesig. Stellen Sie sich einmal vor, Ihre Bizepse und Trizepse sind bis zum Platzen aufgepumpt und sehen so riesig aus, wie nie zuvor. Glauben Sie nicht, daß Sie sich unglaublich stark fühlen und höllisch motiviert sein werden? Versuchen Sie es, aber wundern Sie sich nicht, wenn auch Sie plötzlich wie ein Pfau herumstolzieren. Machen Sie sich keine Sorgen. Nehmen Sie es locker. Arnold würde es unterstützen. Wahrscheinlich würde er es sogar von Ihnen verlangen, schließlich benutzen Sie eine seiner Lieblingstechniken.

*

Supersatz-Training

Trainingsplan 1

Montag & Donnerstag

vord. und hint.		
Oberschenkel	Kniebeugen	1–2 x 6–8
	im Supersatz mit	
	Beincurls	1–2 x 6–8
	Sissy-Kniebeugen	1–2 x 6–8
	im Supersatz mit	
	Kreuzheben mit	
	gestreckten Beinen	1–2 x 6–8
Brust und		
mittlerer Rücken	Bankdrücken	1–2 x 6–8
	im Supersatz mit	
	Rudern, vorgebeugt	1–2 x 6–8
obere Brust und		
Latissimus	Schrägbankdrücken	1–2 x 6–8
	im Supersatz mit	
	Klimmzügen zur Brust	1–2 x 6–8

Fortsetzung auf nächster Seite

Supersatz-Training

Trainingsplan 1 (Fortsetzung)

Schultern und		
mittlerer Rücken	Nackendrücken	
	mit Kurzhanteln	1–2 x 6–8
	im Supersatz mit	
	Klimmzügen zum Nacken	1–2 x 6–8
seitliche Schultern		
und Latissimus	Seitheben	1–2 x 6–8
	im Supersatz mit	
	Kurzhantel-Überzügen	1–2 x 6–8
Trizepse und Bizepse	Langhantelcurls	1–2 x 6–8
	im Supersatz mit	
	Trizepsdrücken mit	
	der Langhantel, liegend	1–2 x 6–8
Bauchmuskeln		
*und Waden**	Bauchpressen	1–2 x 20
	im Supersatz mit	
	Wadenheben, vorgebeugt	1–2 x 20

* Bauchmuskeln und Waden sind keine Antagonisten, aber wenn Sie diese beiden Muskelgruppen auch im Supersatz trainieren, bleiben Sie im Rhythmus und sparen Zeit.

Supersatz-Split-Training

Trainingsplan 2

Montag & Donnerstag

vord. und hint.		
Oberschenkel	Frontkniebeuge	1–2 x 6–8
	im Supersatz mit	
	Beincurls	1–2 x 6–8
	Beinstrecken	1–2 x 6–8
	im Supersatz mit	
	Good Mornings	1–2 x 6–8
Trizepse und Bizepse	Langhantel-Konzentrations-curls	1–2 x 6–8
	im Supersatz mit	
	Trizeps-Kickbacks	1–2 x 6–8
Bauchmuskeln		
*und Waden**	Bauchpressen, revers	1–2 x 20
	im Supersatz mit	
	Wadenheben, stehend	1–2 x 20

* Bauch und Waden sind keine antagonistischen Muskeln, aber wenn Sie diese beiden Gruppen auch im Supersatz trainieren, bleiben Sie im Rhythmus und sparen Zeit.

Fortsetzung auf nächster Seite

Supersatz-Split-Training

Trainingsplan 2 (Fortsetzung)

Dienstag & Freitag
Brust und
mittlerer Rücken

Dips mit auswärts gestellten Ellbogen	1–2 x 6–8
im Supersatz mit	
Kurzhantelrudern, liegend auf einer Schrägbank	1–2 x 6–8

Obere Brust und
Latissimus

Schrägbankdrücken mit Kurzhanteln	1–2 x 6–8
im Supersatz mit	
Klimmzügen mit Untergriff	1–2 x 6–8

Schultern und
mittlerer Rücken

Military Press	1–2 x 6–8
im Supersatz mit	
Klimmzügen zum Nacken	1–2 x 6–8

Schultern und
Latissimus

Rudern, stehend mit weitem Griff	1–2 x 6–8
im Supersatz mit	
Langhantel-Überzügen	1–2 x 6–8

»NACH EINEM HOCHINTENSIVEN TRAINING BENÖTIGT
DER KÖRPER BIS ZU 72 STUNDEN FÜR DIE ERHOLUNG.
IN MANCHEN FÄLLEN IST SOGAR EINE NOCH LÄNGERE
RUHEPHASE NOTWENDIG, DAMIT SICH ÜBERHAUPT
MUSKELWACHSTUM EINSTELLEN KANN.«

MIKE MENTZER, HEAVY DUTY

»ICH VERTRAUE AUF HOCHINTENSIVES TRAINING
UND GEBE DEM KÖRPER DANACH GENUG ZEIT
FÜR DIE ERHOLUNG... ICH TRAINIERE
JEDEN KÖRPERTEIL NUR ALLE FÜNF TAGE.«

DORIAN YATES, IRONMAN SEPTEMBER 1991

KAPITEL 5

GEZIELTES ÜBERLASTUNGS TRAINING

Brian Buchanan: Langhantelcurl

Das Gezielte Überlastungstraining findet unter den fortgeschrittenen Bodybuildern mehr und mehr Beachtung. Mit dieser Trainingsmethode wird jede Muskelgruppe nur einmal pro Woche trainiert – dafür aber gezielt und besonders intensiv. Steve Brisbois, ehemaliger Mr. Universum und erfolgreicher IFBB-Profibodybuilder, gab im Oktober 1992 gegenüber dem Ironman Magazin folgenden Kommentar, nachdem er diese einzigartige Masseaufbaustrategie getestet hatte: »Mensch, bin ich gewachsen. Am Anfang hatte ich unbeschreiblichen Muskelkater, aber schon bald stellte ich fest, daß ich voller und härter wurde und mich viel schneller erholte.«

Warum ist diese Methode so erfolgreich? Dafür gibt es gleich mehrere Gründe. Wenn Sie die einzelnen Muskelgruppen nur einmal pro Woche trainieren, hat jede bis zu sieben Tage Zeit, sich vollständig zu regenerieren. Ein Übertraining ist damit fast ausgeschlossen. Desweiteren bietet das gezielte Überlastungstraining einen enormen psychologischen Vorteil. Zu wissen, daß Sie pro Trainingseinheit nur ein oder zwei Muskelgruppen trainieren müssen, läßt Sie intensiver trainieren als je zuvor. Sie können Ihre gesamte Energie nutzen, um die jeweiligen Muskeln gezielt und mit höchster Intensität zu belasten.

Schauen Sie sich den Trainingsplan am Ende dieses Kapitels an und Sie werden schnell feststellen, daß er sich von anderen Split-Programmen unterscheidet. Beachten Sie bitte die folgenden Punkte für das Gezielte Überlastungstraining im Fünf-Tage-Split:

- Absolvieren Sie pro Trainingseinheit etwa 12 Sätze, auf keinen Fall mehr als 15.
- Das Training sollte nie länger als 40 Minuten dauern.
- Trainieren Sie jeden Körperteil mit vier bis acht Sätzen.
- Gehen Sie in allen Sätzen (außer den Aufwärmsätzen) bis zum Muskelversagen.

Verwenden Sie Intensitätstechniken wie 1 1/4 Wiederholungen, unterbrochene Sätze oder erzwungene Wiederholungen. Mit diesen Intensitätstechniken können Sie Ihre Muskeln bis an die Grenzen strapazieren, ohne stundenlang trainieren zu müssen. Da Sie jede Muskelgruppe ohnehin nur einmal in der Woche trainieren, dürfte es Ihnen nicht schwerfallen, ständig mit einer außergewöhnlich hohen Intensität zu trainieren und Ihre Muskeln so richtig wachzurütteln. Teilen Sie die Muskelgruppen wie folgt auf:

• Montag: Schultern und Waden
• Dienstag: Rücken und hintere Oberschenkel
• Mittwoch: Brust und Trapezius
• Donnerstag: vordere Oberschenkel
• Freitag: Arme und Bauch

Sie sollten jede Muskelgruppe durch extreme Überlastung in einen Zustand des Übertrainings bringen. Da jeder Muskel volle sieben Tage Zeit hat, sich vollständig zu erholen, wird er ein leichtes Übertraining kompensieren und mit Wachstum reagieren.

Ein weiterer Vorteil macht das gezielte Überlastungstraining zu einer besonders effektiven Methode für den Masseaufbau: Jede Muskelgruppe arbeitet, neben seiner eigentlichen aktiven Leistung, auch als Stabilisator oder Synergist. Als Stabilisator unterstützt jeweils eine Muskelgruppe eine andere bei der Ausführung einer Bewegung. Ein gutes Beispiel dafür sind die Bauchmuskeln, die bei der Kniebeuge stabilisierend wirken. Nimmt ein Muskel die Funktion eines Synergisten ein, so unterstützt er eine andere Muskelgruppe direkt bei der Ausführung einer Bewegung. Die Trizepse unterstützen die Schultern beim Drücken über Kopf und wirken somit als Synergisten.

Trainieren Sie Ihre Schultern z. B. am Montag direkt, so werden sie am Mittwoch beim Brusttraining und am Freitag beim Training der Arme noch einmal indirekt beansprucht. Dieses indirekte Training beschleunigt die Erholung, indem es Abfallprodukte, die durch die direkte Belastung der Schultern am Montag entstanden sind, besser abbaut.

Wegen der vielen Vorteile für den Masse- und Kraftaufbau empfiehlt es sich, das Gezielte Überlastungstraining regelmäßig anzuwenden. Indem Sie pro Trainingseinheit ein oder zwei Muskelgruppen bis zum Äußersten belasten, erreichen Sie eine unglaubliche Beanspruchung und damit eine Superkompensation der entsprechenden Muskeln – einfacher gesagt, Sie werden mit Gewißheit an Masse zulegen.

*

Gezieltes Überlastungstraining
Trainingsplan 1 (5-Tage Split)

Montag

Schultern	Military Press	3 x 8–10
	Seitheben auf der Schrägbank, einarmig	2 x 8–10
	Rudern, stehend mit weitem Griff	2 x 8–10
Waden	Wadenheben, stehend	4 x 12–20

Dienstag

Rücken	Klimmzüge zur Brust	3 x 8–10
	Kurzhantel-Überzüge	2 x 10–15
	Rudern, vorgebeugt mit Untergriff	1 x 8–10
	Seitheben vorgebeugt mit angewinkelten Armen	2 x 8–10
	Rudern, vorgebeugt	2 x 8–10
hint. Oberschenkel	Kreuzheben mit gestreckten Beinen	3 x 10–12
	Beincurls	2 x 8–10

Fortsetzung auf nächster Seite

Gezieltes Überlastungstraining
Trainingsplan 1 (5-Tage Split, Fortsetzung)

Mittwoch

Brust	Bankdrücken	3 x 8−10
	Fliegende Bewegungen auf der abwärts geneigten Bank	2 x 8−10
	Schrägbankdrücken	3 x 8−10
Trapezius	Rudern, stehend mit engem Griff	2 x 8−10

Donnerstag

vord. Oberschenkel	Kniebeugen	3 x 8−12
	Sissy-Kniebeugen	2 x 8−12
	Beinstrecken	2 x 8−12

Freitag

Bizepse	Langhantelcurls	2 x 8−10
	Langhantel-Konzentrations-curls	2 x 8−10
Trizepse	Trizepsdrücken mit Kurzhanteln, liegend	2 x 8−10
	Trizepsdrücken über Kopf, sitzend	2 x 8−10
Bauchmuskeln	Bauchpressen, revers	2 x 12−20
	Bauchpressen	2 x 12−20

Gezieltes Überlastungstraining

Trainingsplan 2 (5-Tage Split)

Montag

Schultern	Nackendrücken	3 x 8-10
	Seitheben	2 x 8-10
	Rudern, stehend	
	mit Kurzhanteln	2 x 8-10
Waden	Wadenheben, vorgebeugt	4 x 12-20

Dienstag

Rücken	Klimmzüge mit Untergriff	3 x 8-10
	Langhantel-Überzüge	2 x 10-15
	Kurzhantelrudern, liegend	
	auf einer Schrägbank	3 x 8-10
	Seitheben, vorgebeugt mit	
	angewinkelten Armen	2 x 8-10
	Rudern, vorgebeugt	1 x 8-10
hint. Oberschenkel	Good Mornings	3 x 10-12
	Beincurls	2 x 8-10

Fortsetzung auf nächster Seite

Gezieltes Überlastungstraining

Trainingsplan 2 (5-Tage Split, Fortsetzung)

Mittwoch

Brust	Bankdrücken	3 x 8–10
	Fliegende Bewegungen	2 x 8–10
	Schrägbankdrücken mit Kurzhanteln	3 x 8–10
Trapezius	Schulterheben, vorgebeugt	2 x 8–10

Donnerstag

vord. Oberschenkel	Frontkniebeugen	3 x 8–12
	Beinstrecken	2 x 8–12
	Sissy-Kniebeugen	2 x 8–12

Freitag

Bizepse	Kurzhantelcurls, sitzend	2 x 8–10
	Kurzhantel-Konzentrations-curls	2 x 8–10
Trizepse	Dips zwischen zwei Bänken	2 x 8–10
	Trizeps-Kickbacks	2 x 8–10
Bauchmuskeln	Bauchpressen	2 x 12–20
	Bauchpressen, revers	2 x 12–20

»VIELE BODYBUILDER BETRÜGEN SICH SELBST. WENN SICH
DAS ERHOFFTE MUSKELWACHSTUM NICHT EINSTELLT, WIRD
DER GRUND DAFÜR GERN IN EINER ANGEBLICH SCHLECHTEN
GENETISCHEN VERANLAGUNG GESUCHT, STATT IN FALSCHEM
TRAINING UND UNZUREICHENDER ERNÄHRUNG.
MACHEN SIE NICHT DEN GLEICHEN FEHLER.«

MIKE MENTZER, HEAVY DUTY

KAPITEL 6

POWER PYRAMIDEN PROGRAMM

Samir Bannout: Kreuzheben mit gestreckten Beinen

Viele Bodybuilder nehmen Ihr Training im Winter etwas lockerer. In der kalten Jahreszeit verstecken sie ihre Muskeln unter vielen Lagen warmer Kleidung und sind daher nicht besonders bestrebt, in Topform zu sein. Sollten Sie zu den Athleten gehören, die trotzdem hochmotiviert sind, so erscheint Ihnen der Winter in einem ganz anderen Licht. Denn es ist genau die richtige Jahreszeit, um mal wieder einige Pfund solide Muskelmasse auf den Körper zu packen – dichte Masse, die Ihre neidischen Mitstreiter schocken wird, wenn Sie im nächsten Sommer Ihr Hemd ausziehen. Es gibt nichts Schöneres als am ersten warmen Tag des Jahres an den Strand zu gehen und zu hören: »Oh, Du hast aber ganz schön zugelegt.« Ach ja, die kleinen Freuden des Bodybuilding.

Sie können massig werden, sowohl Zuhause, als auch in einem kommerziellen Studio. Für die meisten Sportler ist das Heimstudio aber die bessere Alternative. Sie verpassen nie eine Trainingseinheit, weil das Wetter zu schlecht ist, um ins Studio zu fahren. Überdies können Sie Ihre Trainingsbedingungen selbst bestimmen und sich somit optimale Voraussetzungen für ein hochintensives Training schaffen. Das ist etwas anderes, als in einem Fitness-Studio zu trainieren, wo es an manchen Tagen so kalt ist, daß Sie noch nicht einmal einen Pump bekommen.

Zuhause haben Sie alles unter Kontrolle. Sie können sich Ihr Heimstudio so einrichten, wie es Ihnen gefällt. Das bedeutet letzten Endes auch, daß Sie totale Kontrolle über Ihren Muskelzuwachs haben. Natürlich haben kommerzielle Studios Ihre Vorteile, wie etwa die Motivation, die von anderen Bodybuildern ausgeht. Die Entscheidung liegt bei Ihnen: Trainieren Sie dort, wo es Ihnen am besten gefällt.

Was Sie dafür leisten müssen, um während der Wintermonate massiger zu werden? Wenn Sie wirklich einige Kilo Muskelmasse aufbauen wollen, sollten Sie die folgenden Ratschläge beherzigen:

- Essen Sie etwas mehr
- Trainieren Sie kurz aber intensiv
- Lassen Sie keine Trainingseinheit ausfallen
- Nutzen Sie jede Gelegenheit, das Gewicht bei den Grundübungen zu erhöhen.

Lassen Sie uns einmal den Winter-Plan analysieren, um die einzelnen Komponenten besser zu verstehen: Während der Wintermonate sollten Sie den Körper vom Trapezius bis hin zu den Waden vollständig trainieren, um gleichmäßig Masse aufzubauen. Das bedeutet, daß Sie Ihre Nahrungsaufnahme leicht erhöhen können, um die wachsenden Muskeln zu ernähren. Haben Sie keine Angst davor, zuviel Fett anzusetzen.

Übertreiben Sie aber nicht. Denken Sie immer daran, daß es nur einer geringen Steigerung der Nahrungszufuhr bedarf, um die Muskeln wachsen zu lassen. Sie können theoretisch ein knappes Pfund Muskelmasse pro Woche zulegen, wenn Sie Ihre tägliche Kalorienaufnahme um 100 bis 200 Kalorien steigern. Mit dieser relativ kleinen Extraportion werden Sie über den Winter hinweg beträchtlich zulegen und ein Maximum an Muskelmasse aufbauen. Die Extrakalorien führen vielleicht dazu, daß sich Ihr Körperfettgehalt ein wenig erhöht. Lassen Sie sich davon aber nicht abschrekken. Führen Sie sich immer vor Augen, daß dieses bißchen Fett ganz schnell wieder verschwindet, wenn Sie im Frühjahr eine Ihrer aeroben Aktivitäten an der frischen Luft aufnehmen. Damit die Dinge aber nicht außer Kontrolle geraten, sollten Sie Ihre Körpermitte genau im Auge behalten. Wenn Ihre Bauchmuskeln komplett verschwinden und der Gewichthebergürtel scheinbar einläuft, ist es an der Zeit, die tägliche Kalorienaufnahme zu senken.

Eine der Grundvoraussetzung für den Aufbau erstklassiger Muskelmasse während der Wintermonate ist Ihre Motivation. Wenn Sie nicht motiviert sind, lassen Sie Trainingseinheiten ausfallen, und ausgefallene Trainingseinheiten bedeuten weniger Muskelzuwachs. Klar, motiviert zu bleiben fällt nicht leicht, wenn es draußen friert und man sich am liebsten die Decke über den Kopf ziehen würde. Daher brauchen Sie ein Trainingsprogramm, das nicht zu lange dauert und trotzdem schnell sichtbare Resultate bringt – mit anderen Worten, ein Programm, bei dem Sie sich auf jede einzelne Trainingseinheit freuen.

Das Power Pyramiden-Programm ist genau die richtige Lösung, weil es Ihnen maximale Kraft bringt. Wenn Sie erst einmal feststellen, wie schnell Sie stärker werden, wird Ihre Begeisterung grenzenlos sein. Da das Pyramiden-Programm aus kurzen, intensiven und schweren Trainingseinheiten besteht, hilft es Ihnen, die zuvor genannnten Punkte 2–4 optimal für den Masseaufbau umzusetzen.

Das Power Pyramiden-Programm ist ein abgewandeltes Trainingsprogramm aus dem Kraftdreikampf-Bereich. Vielleicht ist Ihnen schon aufgefallen, daß sich die massigsten Athleten der Welt unter den Kraftdreikämpfern befinden. Bei diesen Sportlern ist die Muskelmasse lediglich ein Nebenprodukt, das sich im Kampf mit immer schwereren Gewichten quasi von selbst einstellt. Kraftdreikämpfer erreichen diesen Kraft- und Massezuwachs mit einer der härtesten Trainingsmethoden, dem Pyramidentraining. Kurz umschrieben besteht das Pyramidentraining aus mehreren Sätzen, in denen das Gewicht von Satz zu Satz ansteigt und die Anzahl der Wiederholungen abnimmt. Ein typisches Bankdrück-Programm für den Kraftdreikämpfer schaut folgendermaßen aus:

- Satz 1: 60 Kilo x 12 Wiederholungen
- Satz 2: 80 Kilo x 10 Wiederholungen
- Satz 3: 100 Kilo x 8 Wiederholungen
- Satz 4: 140 Kilo x 6 Wiederholungen
- Satz 5: 160 Kilo x 4 Wiederholungen

- Satz 6: 170 Kilo x 1–2 Wiederholungen
- Satz 7: 170 Kilo x 1–2 Wiederholungen
- Satz 8: 170 Kilo x 1–2 Wiederholungen

Für einen Bodybuilder mag das nach einem ziemlich umfangreichen Training klingen. Da das Training der Kraftdreikämpfer aber nur aus den drei Grundübungen Kniebeugen, Bankdrücken, Kreuzheben und einigen Zusatzübungen besteht, können Sie es sich erlauben, mit acht Sätzen pro Übung zu trainieren. Kraftdreikämpfer müssen sich ja nicht um alle Muskelgruppen gleichermaßen kümmern wie ein Bodybuilder, dem es an erster Stelle auf eine möglichst ausgewogene Entwicklung des gesamten Körpers ankommt.

Um die Gefahr des Übertrainings einzuschränken, sollte ein Bodybuilder, der generell mit einem größeren Spektrum an Übungen trainiert, das Pyramidentraining ein wenig verändern. Er sollte die Anzahl der Sätze reduzieren. Trainiert er jede Übung mit acht Sätzen und wendet er dabei auch noch das Pyramidensystem an, so führt das unweigerlich zum Übertraining und der ersehnte Muskelaufbau bleibt aus. Das Risiko des Übertrainings ist besonders groß, wenn mit ein bis zwei Wiederholungen und maximalem Gewicht gearbeitet wird.

Das Power Pyramiden-Programm für den Bodybuilder besteht daher nur aus fünf Sätzen pro Übung, wobei die ersten beiden Sätze dem Aufwärmen dienen. Bleiben wir einmal beim Bankdrücken. Ein Bankdrück-Training nach dem Power-Bodybuilding-Programm würde dann wie folgt aussehen:

- Satz 1: 60 Kilo x 12 Wiederholungen, Aufwärmen
- Satz 2: 70 Kilo x 10 Wiederholungen, Aufwärmen
- Satz 3: 95 Kilo x 8 Wiederholungen
- Satz 4: 105 Kilo x 6 Wiederholungen
- Satz 5: 115 Kilo x 3–4 Wiederholungen

Wie Sie sehen, ist die Pyramide kleiner und nicht so »steil«; sie enthält nur drei Trainingssätze. Nach einer schweren Grundübung sollten Sie Ihr Brusttraining mit einer Isolationsübung, zum Beispiel Fliegenden Bewegungen, abschließen.

Die Kniebeuge ist ein weiteres gutes Beispiel. Ein Training nach dem Power-Bodybuilding Programm würde etwa so aussehen:

- Satz 1: 60 Kilo x 12 Wiederholungen, Aufwärmen
- Satz 2: 85 Kilo x 10 Wiederholungen, Aufwärmen
- Satz 3: 130 Kilo x 8 Wiederholungen
- Satz 4: 140 Kilo x 6 Wiederholungen
- Satz 5: 150 Kilo x 3–4 Wiederholungen

Ihre Oberschenkel werden danach völlig erschöpft sein, aber Sie haben immer noch ausreichend Glykogenreserven, um einen weiteren Satz Sissy-Kniebeugen durchzustehen. Die Isolationsübung hilft Ihnen, sich voll auf die trainierte Muskelgruppe zu konzentrieren und das letzte bißchen Energie zu verbrauchen. Und da Sie nur einen Satz von der jeweiligen Isolationsübung ausführen, können Sie aufs Ganze gehen. Es gibt kein Zurückhalten oder Zögern, um noch etwas Energie für eine weitere Übung aufzusparen; führen Sie diesen Satz so aus, als wäre es der letzte in Ihrem Leben. Nur so erreichen Sie maximales Muskelwachstum.

Das Power Pyramiden-Programm ist vor allem deswegen so erfolgreich, weil Sie nie mehr als zwanzig Sätze pro Trainingseinheit ausführen. Mit diesem »geringen« Trainingsumfang laufen Sie nie Gefahr, Ihre Erholungsfähigkeit zu stark zu strapazieren. Sie werden immer hochmotiviert sein, jedes Training mit maximaler Intensität angehen und fühlen, wie Ihre Muskeln an den Ruhetagen wachsen.

Halten Sie sich im Winter strikt an das Power Pyramiden-Programm, dann werden Sie zu Beginn des Sommers so massig sein wie nie zuvor. Wenn Sie zum ersten Mal den Strand betreten und nonchalant Ihren Latissimus spreizen, werden die Leute glauben, sie hätten es mit einer Sonnenfinsternis zu tun. Das ist Masse! Beachten Sie die folgenden Tips, um das Power Pyramiden-Programm optimal einzusetzen:

- In den anschließend beschriebenen Trainingsprogrammen sind keine Aufwärmsätze enthalten. Führen Sie von jeder Übung im Power Pyramiden-Programm ein bis zwei Aufwärmsätze mit etwa 50 Prozent Ihres Trainingsgewichtes aus. Lesen Sie sich diesbezüglich noch einmal die obigen Beispiele zum Bankdrücken und zur Kniebeuge durch. Ein aufgewärmter Muskel kontrahiert effektiver als ein kalter Muskel. Wenn Sie in einem kühlen Raum trainieren, sollten Sie grundsätzlich immer zwei Aufwärmsätze machen.

- Jedesmal, wenn Sie beim ersten Trainingssatz Ihres Power Pyramiden-Programms zehn Wiederholungen schaffen, sollten Sie im folgenden Training das Gewicht für alle drei Trainingssätze leicht erhöhen.

- Bei allen Sätzen, mit Außnahme der Aufwärmsätze, sollten Sie immer bis zum Punkt des Muskelversagens trainieren. Wenn Sie merken, daß Ihre Motivation für hochintensives Training nachläßt, sollten Sie eine Woche mit verminderter Intensität trainieren. Gehen Sie in den folgenden vier Trainingseinheiten nicht mehr bis an den Punkt des Muskelversagens, sondern beenden Sie Ihre Sätze ein bis zwei Wiederholungen davor. Steigern Sie sich in den anschließenden Trainingseinheiten wieder auf maximale Intensität.

- Arbeiten Sie mit Intensitätstechniken wie 11/4 Wiederholungen und Intensivwiederholungen, wann immer Ihnen danach ist. Übertreiben Sie es aber nicht. Sollten Sie sich übertrainiert fühlen, schränken Sie den Einsatz der Intensitätstechniken wieder ein. Idealerweise arbeiten Sie bei Isolationsübungen oder im letzten Satz einer Übung mit Intensitätstechniken. Näheres zu Intensitätstechniken und deren korrektem Einsatz finden Sie in »Ironman's Home Gym Handbuch«.

• Nehmen Sie zusätzliche Kalorien zu sich, aber vermeiden Sie es, fett zu werden.

• Streben Sie nach mehr Kraft; die ersehnte Muskelmasse wird unweigerlich folgen.

*

Power-Pyramiden-Programm

Trainingsplan 1

Montag & Donnerstag

vord. Oberschenkel	Kniebeugen	1 x 8
		1 x 6
		1 x 3–4
	Sissy-Kniebeugen	1 x 8–12
hint. Oberschenkel	Kreuzheben mit gestreckten Beinen	1 x 15
		1 x 12
		1 x 9
	Beincurls	1 x 8–12
Waden	Wadenheben, vorgebeugt	2 x 12–20
	Wadenheben auf einem Bein	1 x 12–20
Brust	Bankdrücken	1 x 8
		1 x 6
		1 x 3–4
	Fliegende Bewegungen auf der Schrägbank	1 x 8–12
Trizepse	Trizepsdrücken mit der Langhantel, liegend	1 x 8
		1 x 6
		1 x 3–4

Fortsetzung auf nächster Seite

Power-Pyramiden-Programm

Trainingsplan 1 (Fortsetzung)

Dienstag & Freitag

Rücken	Klimmzüge zur Brust	1 x 8
		1 x 6
		1 x 3–4
	Langhantel-Überzüge	1 x 8–12
	Rudern, vorgebeugt	1 x 8
		1 x 6
		1 x 3–4
	Seitheben vorgebeugt mit angewinkelten Armen	1 x 8–12
Schultern	Military Press	1 x 8
		1 x 6
		1 x 3–4
	Seitheben	1 x 8–12
Bizepse	Langhantelcurls	1 x 8
		1 x 6
		1 x 3–4
Unterarme und Brachialis	Langhantelcurls, revers	2 x 8–12
Bauchmuskeln	Bauchpressen	2 x 12–20
	Beinheben, hängend	1 x 25

Power-Pyramiden-Programm

Trainingsplan 2

Montag & Donnerstag

vord. Oberschenkel	Kniebeugen	1 x 8
		1 x 6
		1 x 3–4
	Beinstrecken	1 x 8–12
hint. Oberschenkel	Good Mornings	1 x 15
		1 x 12
		1 x 9
	Beincurls	1 x 8–12
Waden	Wadenheben, vorgebeugt	2 x 12–20
	Wadenheben auf einem Bein	1 x 12–20
Brust	Schrägbankdrücken	1 x 8
		1 x 6
		1 x 3–4
	Fliegende Bewegungen	1 x 8–12
Trizepse	Bankdrücken mit engem Griff	1 x 8
		1 x 6
		1 x 3–4

Fortsetzung auf nächster Seite

7 6

Power-Pyramiden-Programm

Trainingsplan 2 (Fortsetzung)

Dienstag & Freitag

Rücken	Rudern, vorgebeugt	1 x 8
		1 x 6
		1 x 3–4
	Schulterheben, vorgebeugt	1 x 8–12
	Klimmzüge mit Untergriff	1 x 8
		1 x 6
		1 x 3–4
	Langhantel-Überzüge	1 x 8–12
Schultern	Nackendrücken	1 x 8
		1 x 6
		1 x 3–4
	Rudern, stehend	
	mit weitem Griff	1 x 8–12
Bizepse	Kurzhantelcurls, sitzend	1 x 8
		1 x 6
		1 x 3–4
Unterarme		
und Brachialis	Hammercurls	2 x 8–12
Bauchmuskeln	Bauchpressen, revers	2 x 12–20

»HOCHINTENSIVES TRAINING UND LANGE TRAININGSEINHEITEN SCHLIESSEN SICH GEGENSEITIG AUS. SIE KÖNNEN DAS EINE HABEN ODER DAS ANDERE, ABER NICHT BEIDES ZUSAMMEN. WENN SIE DIE INTENSITÄT DES TRAININGS VERDOPPELN, MÜSSEN SIE DEN TRAININGSUMFANG MEHR ALS 80 PROZENT REDUZIEREN, UM DIE MEHRBELASTUNG AUSZUGLEICHEN.«

ELLINGTON DARDEN, HIGH INTENSITY BODYBUILDING

KAPITEL 7

HOCHINTENSITÄTS VORERMÜDUNGS SPLIT

Tom Platz: Beinstrecken

Tom Platz: Kniebeuge

Für ein hochintensives Training in der Schmerzzone gibt es nichts effektiveres als die Vorermüdungs-Methode. Diese Trainingsmethode stimuliert Ihr Muskelwachstum derart effektiv, daß die amerikanische Firma Nautilus keine Kosten und Mühen gescheut hat, es in viele ihrer Trainingsgeräte einzubauen. Sie können einen Muskel vorerschöpfen, indem Sie ihn zuerst mit einer Isolationsübung trainieren. Direkt im Anschluß daran folgt eine Grundübung für die gleiche Muskelgruppe. Es ist besonders wichtig, ohne Pause von der einen zur anderen Übung zu wechseln. Auf diese Weise eliminieren Sie den Schwachpunkt, der bei den meisten Grundübungen auftritt.

Wenn Sie beispielsweise die Brust mit Bankdrücken trainieren, wird aller Voraussicht nach der (kleinere) Trizeps die Segel streichen, bevor die Brustmuskulatur ausreichend beansprucht ist. In diesem Fall ist der Trizeps das schwächste Glied in der Kette. Um diese Problemstelle zu umgehen, müssen Sie Ihre Brustmuskeln gezielt vorermüden, etwa mit Fliegenden Bewegungen. Dadurch verschaffen Sie dem schwächeren Muskel einen Vorteil, denn er wird bei der Vorermüdungs-Übung für den Hauptmuskel nicht belastet. Beim anschließenden Bankdrücken sind Ihre Trizepse noch frisch und erholt, während die Brustmuskeln bereits erschöpft sind. Mit Hilfe der Trizepse können Sie nun die Brustmuskeln stärker attackieren als je zuvor.

Das gleiche Problem ergibt sich beim Training der Rückenmuskulatur. Immer, wenn Sie den Rücken mit einer ziehenden Bewegung trainieren, sind Ihre Bizepse mit im Spiel. Weil die Bizepse im Vergleich zu den Rückenmuskeln aber eher klein und schwach sind, ermüden sie schneller. Das führt dazu, daß Sie es nie schaffen, Ihren Rücken so zu trainieren, wie er es verdient hat. Auch das Training der Schultern wird durch eine schwächere Muskelgruppe eingeschränkt. Wie beim Brusttraining sind auch hier die Trizepse wieder das schwache Glied. Mit ein wenig Improvisation können Sie dieses Problem aber umgehen:

Nehmen Sie ein Paar Kurzhanteln und führen Sie einen Satz Seitheben aus, bis Sie keine einzige Wiederholung mehr in korrekter Technik schaffen. Die Wiederholungszahl sollte bei sechs bis acht liegen. Ihre Schultermuskeln dürften danach bereits erschöpft sein. Gehen Sie direkt im Anschluß an das Seitheben zur nächsten Übung, dem Nackendrücken. Benutzen Sie dazu eine Langhantel – mit deutlich weniger Gewicht als Sie gewöhnlich für diese Übung benutzen – und fahren Sie mit einem Satz Nackendrücken fort. Auf diese Weise zwingen Sie die erschöpften Schultermuskeln mit Hilfe der augenblicklich stärkeren Trizepse weiter zu arbeiten.

Wenn Sie umgekehrt verfahren, was normalerweise der Fall ist, geben Ihre schwächeren Trizepse zuerst auf, und das lange bevor die Schultermuskeln ermüdet sind. In dem oben geschilderten Beispiel ermüden Sie Ihre Schultern zuerst mit Seitheben, bevor Sie sie mit Unterstützung der Trizepse völlig auspowern. Sie nutzen beim anschließenden Nackendrücken den momentanen Kraftvorteil der Trizepse aus und belasten Ihre Schultern damit so intensiv wie nie zuvor.

Fast alle Grundübungen haben einen »Schwachpunkt«, der die Effektivität der Übung beachtlich vermindern kann. In der folgenden Liste finden Sie die Muskelgruppen mit Ihren dazugehörigen Grundübungen und deren Schwachstellen.

Muskelgruppe	Übung	Schwachstelle
• vord. Oberschenkel	Kniebeugen	unterer Rücken
• hint. Oberschenkel	Kreuzheben mit gestr. Beinen	unterer Rücken
• Schultern	Nackendrücken	Trizepse
• Brust	Bankdrücken	Trizepse

• Latissimus	Klimmzüge	Bizepse
• Rücken	Rudern	Bizepse

Auch wenn Robert Kennedy, Herausgeber des »Muscle Mag International«-Magazins, oft als Erfinder des Vorerschöpfungs-Prinzips angesehen wird, so war es eigentlich Mike Mentzer, der diese Methode populär gemacht hat. Während der Zeit, in der er mit dieser Methode trainierte, gewann er den Mr. Universum Titel und nahm über viele Jahre hinweg erfolgreich an professionellen Bodybuilding-Veranstaltungen teil.

Da das Vorerschöpfungs-Prinzip so intensiv ist, nahmen Mikes Trainingseinheiten ein Drittel weniger Zeit in Anspruch als die seiner Konkurrenten. Er trainierte viermal in der Woche jeweils 45–60 Minuten. Mentzer benutzte das Vorermüdungsprinzip während seiner gesamten Bodybuilding-Karriere und hatte mit den kurzen Trainingseinheiten unglaublichen Erfolg. Versuchen Sie es auch einmal und lernen Sie den Pump und das Wachstum kennen, das Sie auf diese Weise erzielen können. Auch Sie werden bald davon überzeugt sein, daß es sich um eine der besten Methoden zum Aufbau solider Muskelmasse handelt. Hier noch ein paar Tips zum Hochintensitäts-Vorermüdungs-Split:

• Machen Sie zwischen Isolationsübung und Grundübung keine Pause. Selbst eine kurze Pause (30 Sekunden) führt dazu, daß sich der vorerschöpfte Muskel zum Teil erholt und somit die Effektivität der Vorerschöpfung verringert oder sogar aufhebt.

• Halten Sie die Gewichte immer unter Kontrolle – führen Sie keine abrupten Bewegungen durch und fälschen Sie nicht ab, nur um eine weitere Wiederholung zu erzwingen.

• Führen Sie nie mehr als zwei Vorermüdungs-Zyklen pro Muskelgruppe aus; normalerweise reicht einer völlig aus. Halten Sie sich immer vor Augen, daß das Hochintensitäts-

Vorermüdungs-Split-Training an sich schon eine Intensitäts-technik ist. Sie müssen sich mehr anstrengen, also reduzieren Sie, der Erfolge zuliebe, besser den Trainingsumfang.

- Reduzieren Sie direktes Armtraining so weit wie möglich, am besten nur einen Satz pro Übung. Um sicher zu gehen, daß Sie Ihre Bizepse und Trizepse nicht übertrainieren, sollten Sie das direkte Armtraining auf eine Trainingseinheit pro Woche beschränken. Ihre Arme werden beim Training mit Klimm-zügen, Bankdrücken und Rudern mehr als ausreichend stimuliert.

- Trainieren Sie nie länger als sechs Wochen mit dem Hochintensitäts-Vorermüdungs-Split.

Der Hochintensitäts-Vorermüdungs-Split ist nicht die einzig opti-male Trainingsmethode. Sie ist lediglich eine der vielen produkti-ven Methoden zum Masseaufbau, die Ihnen zur Verfügung stehen. Benutzen Sie dieses Split-Training, aber bleiben Sie nicht daran hängen. Wenn Sie bereits einige der im Buch beschriebenen Trai-ningsprogramme ausprobiert haben, wissen Sie, daß Grundübun-gen auch ohne Vorermüdung sehr effektiv sein können.

*

Hochintensitäts-Vorermüdungs-Split
Trainingsplan 1

Montag & Donnerstag

vord. Oberschenkel	Beinstrecken	1–2 x 6–9
	im Supersatz mit	
	Kniebeugen	1–2 x 6–9
hint. Oberschenkel	Beincurls	1–2 x 6–9
	im Supersatz mit	
	Kreuzheben (mit	
	gestreckten Beinen)	1–2 x 6–9
Waden	Wadenheben, vorgebeugt	2 x 12–20
Brust	Fliegende Bewegungen	1–2 x 6–9
	im Supersatz mit	
	Schrägbankdrücken	1–2 x 6–9
*Trizepse**	Trizeps-Kickbacks	1 x 6–9
	im Supersatz mit	
	Dips mit einwärts	
	gestellten Ellbogen	1 x 6–9

Dienstag & Freitag

Latissimus	Langhantel-Überzüge	1–2 x 6–9
	im Supersatz mit	
	Klimmzügen mit Untergriff	1–2 x 6–9

Fortsetzung auf nächster Seite

Hochintensitäts-Vorermüdungs-Split
Trainingsplan 1 (Fortsetzung)

Rücken	Schulterheben, vorgebeugt	1–2 x 6–9
	im Supersatz mit	
	Rudern, vorgebeugt	1–2 x 6–9
Schultern	Seitheben	1–2 x 6–9
	im Supersatz mit	
	Nackendrücken	1–2 x 6–9
*Bizepse**	Langhantelcurls	1 x 6–9
	im Supersatz mit	
	Rudern, vorgebeugt mit Untergriff	1 x 6–9
Bauchmuskeln	Bauchpressen	1–2 x 25
	im Supersatz mit	
	Beinheben, hängend	1–2 x 25

* Anmerkung: Bizepse und Trizepse weisen eigentlich keine »Schwach-punkte« auf. Man kann sie aber härter trainieren, indem man sie zuerst mit einer Isolationsübung erschöpft und dann mit einer Grundübung weiterbelastet. In diesem Programm unterstützen die Rückenmuskeln (beim Rudern vorgebeugt mit Untergriff) die bereits durch Langhantelcurls vorerschöpften Bizepse. Bei den Dips erhalten die Trizepse Unterstützung von der Brust- und Schultermuskulatur.

Hochintensitäts-Vorermüdungs-Split

Trainingsplan 2

Montag & Donnerstag

vord. Oberschenkel	Sissy-Kniebeugen	1–2 x 6–9
	im Supersatz mit	
	Frontkniebeugen	1–2 x 6–9
hint. Oberschenkel	Beincurls	1–2 x 6–9
	im Supersatz mit	
	Good Mornings	1–2 x 6–9
Waden	Wadenheben auf einem Bein	2 x 12–20
Brust	Fliegende Bewegungen auf der Schrägbank	1–2 x 6–9
	im Supersatz mit	
	Bankdrücken	1–2 x 6–9
Trizepse*	Trizepsdrücken mit Kurzhanteln, liegend	1 x 6–9
	im Supersatz mit	
	Bankdrücken mit engem Griff	1 x 6–9

Dienstag & Freitag

Latissimus	Kurzhantel-Überzüge	1–2 x 6–9
	im Supersatz mit	
	Klimmzügen zur Brust	1–2 x 6–9

Fortsetzung auf nächster Seite

Hochintensitäts-Vorermüdungs-Split

Trainingsplan 2 (Fortsetzung)

mittlerer Rücken	Seitheben, vorgebeugt mit angewinkelten Armen	1–2 x 6–9
	im Supersatz mit	
	Rudern, vorgebeugt	1–2 x 6–9
Schultern	Seitheben	1–2 x 6–9
	im Supersatz mit	
	Military Press	1–2 x 6–9
Bizepse*	Langhantelcurls	1 x 6–9
	im Supersatz mit	
	Klimmzügen mit Untergriff	1 x 6–9
Bauchmuskeln	Bauchpressen	1–2 x 25
	im Supersatz mit	
	Bauchpressen, revers	1–2 x 25

* Anmerkung: Bizepse und Trizepse haben eigentlich keine»Schwach-punkte«. Man kann sie aber härter trainieren, indem man sie zuerst mit einer Isolationsübung erschöpft und dann mit einer Grundübung weiterbelastet. In diesem Programm unterstützen die Rückenmuskeln (bei den Klimmzügen mit Untergriff) die bereits durch Langhantelcurls vorerschöpften Bizepse. Brust- und Schultermuskulatur unterstützen die Trizepse beim Bankdrücken mit engem Griff.

»HOCHINTENSIVES TRAINING ALLEIN IST NICHT ALLEIN DER
SCHLÜSSEL ZUM MUSKELWACHSTUM. SIE MÜSSEN IHREN
MUSKELN AUCH ZEIT FÜR DAS WACHSTUM LASSEN, INDEM SIE
DIE ANZAHL DER ÜBUNGEN PRO TRAININGHSEINHEIT
GERING HALTEN UND NICHT ZU HÄUFIG TRAINIEREN.«

ELLINGTON DARDEN, HIGH INTENSITY BODYBUILDING

»ICH GLAUBE, MAN MUSS DIE MUSKELN ÜBER DEN VOLLEN
BEWEGUNGSSPIELRAUM TRAINIEREN. DEHNEN SIE IHRE
MUSKELN BEI JEDER WIEDERHOLUNG SO GUT WIE MÖGLICH
UND SPANNEN SIE SIE DANN VOLL AN.«

FRANCO COLOMBO, THREE MORE REPS

KAPITEL 8

BELASTUNGS POSITIONS TRAINING

Vince Comerford: Kurzhantel-Konzentrationscurl

Das Training mit unterschiedlichen Angriffswinkeln, bei dem der Muskel in verschiedenen Positionen (Belastungspositionen) beansprucht wird, ist eine erprobte und erfolgreiche Strategie zum Aufbau von Muskelmasse. Dabei genügt es aber nicht, einfach eine Anzahl von Übungen auszuwählen und diese in einer willkürlichen Reihenfolge auszuführen, wie das bei vielen Bodybuildern der Fall ist.

Korrektes Belastungspositions-Training ist immer nach den Gesetzen der Logik geplant, was sich leider in den meisten Trainingsplänen nicht widerspiegelt. Bei der Analyse von fast jedem gängigen Bodybuilding-Trainingsplan finden Sie schnell heraus, daß das Training mit verschiedenen Angriffswinkeln grundsätzlich falsch angewandt wird. Die meisten Bodybuilder verstehen einfach nicht, daß es für jeden Muskel oder jede Muskelgruppe drei, und zwar genau drei, Positionen gibt, mit denen der Muskel trainiert werden muß, um eine vollständige und ausgewogene Entwicklung zu erreichen – die mittlere, die gestreckte und die kontrahierte Position. Was man genau unter den einzelnen Positionen versteht, erfahren Sie im folgenden Abschnitt:

Mittlere Position: Sie trainieren diese Position im allgemeinen mit einer Grundübung, bei welcher der Muskel weder voll gestreckt noch maximal kontrahiert wird. Beispiele für solche Übungen sind die Kniebeuge für die Oberschenkel, Nackendrücken für die Schultern und Bankdrücken für die Brustmuskeln. Die meisten Übungen für die mittlere Position trainieren die Zielmuskeln mit Hilfe von unterstützenden Muskeln, die einen sog. synergistischen Effekt liefern. Kniebeugen zum Beispiel trainieren Ihre vorderen Oberschenkel, den Zielmuskel, mit Hilfe der Gesäßmuskeln und des unteren Rückens. Weil Mutter Natur es so eingerichtet hat, arbeiten die Muskeln bei fast allen Bewegungen als Team. Der synergistische Effekt bewirkt, daß sowohl die hauptsächlich beanspruchten Muskeln aufgebaut, als auch die unterstützenden Muskeln für das anschließende Training in den übrigen Positionen aufgewärmt werden.

Gestreckte Position: In der gestreckten Position ist der primär belastete Muskel vollständig gestreckt. Muskelfasern und Faserhüllen oder Facien befinden sich in extrem verlängertem Zustand. Ein Muskel kann nach einer vollständigen Streckung mehr Muskelfasern für die anschließende Kontraktion einsetzen und dadurch stärker kontrahieren. Ein gutes Beispiel hierfür ist ein Baseballspieler, der seinen Schläger schwingt. Kurz bevor er den Schwung einleitet, führt er seinen Schläger weit zurück und die beteiligten Muskeln damit in eine gestreckt Position. Der anschließende Schlag wird wesentlich kraftvoller. Mit einer kurzen Dehnung, keinesfalls aber einem ruckhaften Abfedern, am Ende des Bewegungsspielraums, können Sie diesen Effekt auch für die gestreckten Belastungspositionen einiger Bodybuildingübungen nutzen. Folgende Übungen sind dafür hervorragend geeignet: Fliegende Bewegungen für die Brustmuskeln, Überzüge für die Latissimi, Sissy-Kniebeugen für die vorderen Oberschenkel und Drücken über Kopf für die Trizepse. Sie sollten am tiefsten Punkt dieser Bewegungen immer einen unangenehmen Zug in der belasteten Muskulatur spüren.

Kontrahierte Position: In dieser Position ist der Zielmuskel voll kontrahiert und maximalem Widerstand ausgesetzt; so können Sie eine intensive Kontraktion erzielen. Besonderes Augenmerk sollte hierbei auf das ausführliche Aufwärmen der betreffenden Muskelgruppen gelegt werden. Denn nur in einem aufgewärmten Zustand können Sie das optimale aus dieser Position herausholen. Aus diesem Grund sollten Sie diese Position immer am Schluß trainieren. Mit anderen Worten, Sie benutzen diese Position am Ende des Trainings für eine bestimmte Muskelgruppe, um noch einmal das Letzte herauszuholen. Beispiele für Übungen, in denen der Widerstand in der voll kontrahierten Position am größten ist, sind Beinstrecken für die vorderen Oberschenkel, Kickbacks für die Trizepse, Konzentrationscurls für die Bizepse und Beincurls für die hinteren Oberschenkel. Achten Sie darauf, den größten Widerstand immer in der höchsten Position der Bewegung zu spüren.

Die drei genannten Positionen bilden die Grundlage für das Belastungspositions-Massetraining, kurz BP-Training. Hierbei handelt es sich um eine Trainings-Methode, bei der jede Muskelgruppe mit drei Übungen trainiert wird. Diese geringe Anzahl an Übungen gewährleistet die optimale Erholung der einzelnen Muskelgruppen. Ein typisches Oberschenkeltraining nach der Belastungspositions-Methode sieht etwa wie folgt aus:

Kniebeugen (mittlere Position), Sissy-Kniebeugen (gestreckte Position) und Beinstrecken (kontrahierte Position). Für die vollständige und ausgewogene Entwicklung aller Muskeln sollte jede Muskelgruppe mit genau diesen drei Belastungspositionen trainiert werden. Leider kümmern sich die meisten Bodybuilder nicht darum, die einzelnen Muskelgruppen in diese drei Bereiche zu unterteilen. Daher sind ihre Trainingspläne auch äußerst uneffektiv. Sie enthalten zahlreiche Bewegungen, die »den Muskel aus allen möglichen Winkeln zu attackieren« sollen, wobei in den meisten Fällen aber mit Schrot auf Spatzen geschossen wird. Auf diese Art und Weise wird das Training schnell zu umfangreich, denn die Vielzahl der Übungen führt dazu, daß der Muskel wiederholt mit der gleichen Belastungsposition trainiert wird. Das ist reine Energieverschwendung – Energie, die den Muskeln bei Erholung und Wachstum fehlt.

Betrachten wir einmal ein »normales« Programm für die Schultern, um das Problem besser darzustellen. In vielen Plänen findet man, neben einigen anderen Übungen, auch Frontdrücken und

Drücken mit Kurzhanteln. Beide Übungen bearbeiten die Schultern in der gleichen Belastungsposition, nämlich in der mittleren. Ähnliches taucht oft in Trainingsplänen für die Oberschenkelmuskulatur auf. Dort findet man Kniebeugen und Beinpressen, zwei Übungen, die wiederum die gleiche Belastungsposition beanspruchen – nicht gerade effektiv.

Die auf den folgenden Seiten dargestellten drei Belastungspositionen für jede Muskelgruppe helfen Ihnen, die Belastungspositions-Methode besser zu verstehen.

Waden (Gastrocnemius): *Mittlere Position:* Beincurls mit ausgestreckten Zehen. Bei dieser Übung arbeiten die hinteren Oberschenkel synergistisch mit. *Gestreckte Position:* Unterer Teil der Bewegung beim vorgebeugten Wadenheben, die Zehen ruhen auf einem hohen Wadenblock und der Gastrocnemicus ist voll gedehnt; die Zehen leicht einwärts gerichtet, die Knie durchgedrückt, der Oberkörper im rechten Winkel vorgebeugt. *Kontrahierte Position:* Oberer Teil der Bewegung beim Wadenheben stehend, der Körper ruht auf den Zehenspitzen; Hüfte und Knie durchgedrückt und die Zehen leicht auswärts gerichtet.

Vordere Oberschenkel: *Mittlere Position:* Kniebeugen oder Beinpressen. Bei diesen Übungen arbeiten die Gesäßmuskeln synergistisch mit. *Gestreckte Position:* Unterer Teil einer Sissy-Kniebeuge, Oberschenkel und Oberkörper sind in einer Ebene. Waden gegen die hinteren Oberschenkel gedrückt. *Kontrahierte Position:* Oberer Teil der Bewegung beim Beinstrecken, Beine und Oberkörper sind im rechten Winkel zueinander, Knie und Füße durchgestreckt.

Hintere Oberschenkel: *Mittlere Position:* oberes Drittel bei Kniebeugen oder Kreuzheben mit gestreckten Beinen. Bei dieser Übung arbeiten die Gesäßmuskeln und der untere Rücken synergistisch mit. *Gestreckte Position:* Unteres Drittel der Bewegung beim Kreuzheben mit gestreckten Beinen. *Kontrahierte Position:* Oberer Teil der

Bewegung bei Beincurls, Hüften und Rücken auf einer Linie, Waden gegen die hinteren Oberschenkel gedrückt und die Zehen in Richtung der Schienbeine angezogen.

Obere Brust: *Mittlere Position:* Alle Drückbewegungen auf der Schrägbank (die Lehne zeigt nach oben). Bei dieser Übung arbeiten die Trizepse synergistisch mit. *Gestreckte Position:* Unterer Teil der Bewegung bei Fliegenden Bewegungen auf der Schrägbank (Lehne zeigt nach oben). *Kontrahierte Position:* Gestreckte Arme vor der oberen Brust gekreuzt.

Untere Brust: *Mittlere Position:* Bankdrücken oder Drücken auf der abwärts geneigten Bank. Bei diesen Übungen arbeiten die Trizepse synergistisch mit. *Gestreckte Position:* Unterer Teil der Bewegung bei Fliegenden Bewegungen auf der abwärts geneigten Bank, die Ellbogen befinden sich unterhalb des Körpers. *Kontrahierte Position:* Gestreckte Arme vor der unteren Brust.

Rücken (Latissimus Dorsi): *Mittlere Position:* Klimmzüge zur Brust oder Latziehen zur Brust. Alle Bewegungen, bei denen die Arme mehr von der Seite zum Körper hinziehen als von vorne, belasten die mittlere Position der Latissimi. Bei dieser Übung arbeiten die Bizepse und der Trapezius synergistisch mit. *Gestreckte Position:* Beginn der Bewegung bei Überzügen, Oberarme hinter dem Kopf und die Ellbogen etwas unter Körperniveau. *Kontrahierte Position:* Unterer Teil der Bewegung bei Klimmzügen mit Untergriff, Latziehen mit Untergriff, die Ellbogen unten und hinter dem Körper.

Mittlerer Rücken (Trapezius): *Mittlere Position:* Klimmzüge zum Nacken oder Latziehen zum Nacken. Bei dieser Übung arbeiten die Latissimi und Bizepse synergistisch mit. *Gestreckte Position:* Startposition der Bewegung beim Rudern, sitzend an der Zugmaschine oder beim Rudern vorgebeugt; Oberkörper vorgebeugt, Arme gestreckt. *Kontrahierte Position:* Endposition der Bewegung beim Rudern sitzend an der Zugmaschine oder beim Rudern vorgebeugt;

Oberkörper gerade, Ellbogen hinter dem Körper, leicht vom Körper weg gespreizt, Schulterblätter zusammen.

Trapezius: *Mittlere Position:* Rudern, stehend, mit engem oder weitem Griff; Seitheben. *Gestreckte Position:* Startposition bei der Bewegung Schulterheben vorgebeugt. *Kontrahierte Position:* Endposition der Bewegung Schulterheben vorgebeugt; Schultern und Trapezius nach hinten und oben angehoben.

Schultern: *Mittlere Position:* Drücken über dem Kopf. Bei dieser Übung arbeiten die Trizepse synergistisch mit. *Gestreckte Position:* Unterer Teil der Bewegung beim Seitheben einarmig (liegend auf einer leicht aufwärts geneigten Bank) oder Seitheben am Kabelzug, der Arm befindet sich schräg vor dem Körper. *Kontrahierte Position:* Obere Position beim Rudern stehend, die Hantelstange etwa auf Nasenhöhe; mit den Oberarmen seitlich ausgestellt und leicht aufwärts zeigend.

Trizepse: *Mittlere Position:* Der Oberarm befindet sich im rechten Winkel zum Oberkörper, wie etwa beim Bankdrücken. Trizepsdrücken liegend ist für diese Position sehr effektiv. Bei dieser Übung arbeiten die Brustmuskeln und Latissimi synergistisch mit. *Gestreckte Position:* Der Oberarm befindet sich seitlich neben dem Kopf und der Unterarm dahinter. Die Fingerknöchel berühren fast die Schultern, wie etwa beim Trizepsdrücken über Kopf. *Kontrahierte Position:* Der Arm ruht gestreckt (Ellbogen voll durchgestreckt) seitlich am Oberkörper. Sie erreichen diese Position bei Kurzhantel-Kickbacks oder Trizepsdrücken am Kabel.

Bizeps: *Mittlere Position:* Oberarm gestreckt und leicht vor dem Körper gehalten, wie bei z.B. Langhantelcurls, stehend. Bei dieser Übung arbeiten die vorderen Schultermuskeln synergistisch mit. *Gestreckte Position:* Unterer Teil der Bewegung bei Kurzhantelcurls auf der Schrägbank, Arm gestreckt und leicht hinter dem Körper. *Kontrahierte Position:* Oberarm neben dem Kopf, Unterarm an den

Bizeps gepreßt, das Handgelenk nach außen gedreht. Diese Position ist nicht einfach einzunehmen, aber bei Konzentrationscurls kommt man nah an die optimale Position heran.

Unterarme (Flexoren/Unterseite): *Mittlere Position:* Alle Arten von Curls; kann durch die Griffhaltung auch bei vielen anderen Übungen erreicht werden. *Gestreckte Position:* Unterer Teil der Bewegung bei Unterarmcurls auf einer leicht aufwärts gestellten Bank. *Kontrahierte Position:* Oberer Teil der Bewegung bei Unterarmcurls auf einer leicht abwärts geneigten Bank.

Unterarme (Extensoren/Oberseite): *Mittlere Position:* Curls, revers (Obergriff). Bei dieser Übung arbeiten die Bizepse und Brachiali synergistisch mit. *Gestreckte Position:* Unterer Teil der Bewegung bei reversen Unterarmcurls auf einer leicht aufwärts gestellten Bank. *Kontrahierte Position:* Oberer Teil der Bewegung bei reversen Unterarmcurls auf einer leicht abwärts gestellten Bank.

Bauch (gesamt): *Mittlere Position:* In der mittleren Position sind die Hüftbeuger immer zu einem Teil mit in die Bewegung einbezogen. Sie erinnern sich, die mittlere Position ist oft eine Grundübung, bei der die umliegende Muskulatur die eigentliche Bewegung unterstützt. In diesem Falle unterstützen die Hüftbeugemuskeln die Bauchmuskeln. Ideale Übungen sind reverses Bauchpressen oder Beinheben hängend. *Gestreckte Position:* Die gesamte Bauchdecke ist gestreckt, wenn Ihre Knie im rechten Winkel gebeugt sind, Ihre Oberschenkel sich parallel zum Boden befinden und der Oberkörper etwas unter dem Niveau der Oberschenkel ist, also beim unteren Teil von Bauchpressen auf dem Roman Chair.

Unterer Bauch: *Kontrahierte Position:* Sie erreichen diese Position, wenn Sie die Oberschenkel gegen die Bauchmuskeln pressen und die Hüften nach vorn und oben bewegen, wie etwa in der Endposition von reversem Bauchpressen oder Beinheben hängend. (Bitte beachten Sie, daß beide Übungen immer zuerst den gesamten Bauch in der mittleren Position trainieren, bevor am Ende der Bewegung die kontrahierte Position ins Spiel kommt).

Oberer Bauch: *Kontrahierte Position:* Sie erreichen diese Position, indem Sie den Oberkörper nach vorne einrollen, während der untere Rücken und das Becken auf der Unterlage liegen bleiben, wie etwa beim regulären Bauchpressen.

Wenn Sie einen Muskel erst einmal in einer der drei Belastungspositionen trainiert haben, ergibt es wenig Sinn, ihn im anschließenden Satz noch einmal in der gleichen Position zu belasten. Diese Mehrbelastung macht das Training uneffektiv und ist der Grund dafür, warum so viele Bodybuilder an sechs Tagen pro Woche für zwei bis vier Stunden trainieren und gerade einmal lächerliche drei Pfund Muskelmasse pro Jahr aufbauen. All diese Bodybuilder haben sich noch nie Gedanken über den Aufbau und die Funktion ihrer Muskeln gemacht. Hätten sie es getan, so würde ihr Trainingsumfang dramatisch abnehmen und ihre Muskeln würden wachsen wie nie zuvor.

Leider werden diese Fehler von Generation zu Generation weitervererbt. Wenn ein durchschnittlicher Bodybuilder hört, daß ein besserer Bodybuilder irgend etwas gemacht hat, wird dies oft kritiklos übernommen, ohne überhaupt darüber nachzudenken. Dabei macht es wenig Sinn, etwas nachzumachen, ohne es vorher genau durchdacht zu haben. So bleiben lediglich viele unlogische Methoden für immer im Reich des Bodybuilding hängen. Aus dem gleichen Grund benötigen die meisten Bodybuilder, viele Jahre um Ihr genetisches Potential voll auszuschöpfen. Sie quälen sich jahrelang mit Techniken und Methoden herum, die unproduktiv oder sogar kontraproduktiv sind, nur weil ein »Mr. Irgendwas« einmal danach trainiert hat. Was das fortgeschrittene Training mit unterschiedlichen Belastungspositionen angeht, so ist es an der Zeit, die unlogischen Trainingskonzepte endgültig zu ändern. Wenn Sie zu den fortgeschrittenen Anfängern gehören oder sich schon in einem fortgeschrittenen Stadium Ihrer Bodybuilding-Laufbahn befinden, sollten Sie die in diesem Kapitel beschriebenen Belastungspositions-Programme einmal ausprobieren.

Sie werden angenehm überrascht sein, wenn nicht sogar schokkiert, wie sich Ihre Muskelmasse auf ein bisher unbekanntes Niveau entwickeln wird. Hier noch einige Tips für das Masse-Training nach dem Belastungspositions-Prinzip:

- Trainieren Sie das Belastungspositions-Massetraining immer in der Standardreihenfolge mittlere Position, gestreckte Position und kontrahierte Position. Die mittlere Position trainiert den größten Anteil der Muskelfasern mit Hilfe der synergistischen oder unterstützenden Muskeln. Dabei wird der Zielmuskel aufgewärmt und auf das Training mit den folgenden zwei Belastungspositionen vorbereitet. Nach der mittleren Position folgt die gestreckte. Mit einer leichten Dehnung der Muskulatur am unteren Ende der Bewegung jeder Übung können Sie mehr Muskelfasern mit in die Bewegung einbeziehen und den Muskel härter kontrahieren. Zum Abschluß folgt die kontrahierte Position, in welcher die Muskeln maximal angespannt werden. Bei diesen Übungen läßt der Widerstand am höchsten Punkt der Bewegung nicht nach und Sie erreichen dadurch eine unglaublich intensive Höchstkontraktion.

- Führen Sie vor jeder Übung in der mittleren Position mindestens einen leichten Aufwärmsatz mit 50 Prozent des Trainingsgewichts aus.

- Widerstehen Sie der Versuchung, weitere Sätze hinzuzufügen. Zwei Sätze pro Belastungsposition sind mehr als genug. Die Gesamtzahl der Sätze pro Trainingseinheit sollte 25 nicht übersteigen – weniger wäre sogar besser. Sollte eine Übung mit nur einem Satz im Trainingsplan aufgeführt sein, und Sie wollen

unbedingt einen zweiten ausführen, so können Sie ruhig einen
Satz anschließen. Ziehen Sie diesen zusätzlichen Satz bei einer
anderen Übung wieder ab. Wenn Sie also etwa in Trainingsplan 1 lieber zwei Sätze Beinstrecken trainieren wollen, können
Sie entweder die Satzzahl bei den Sissy-Kniebeugen reduzieren
oder einen Satz für Ihre starken Körperteile streichen. Viele
Bodybuilder glauben immer noch daran, daß Profi- Bodybuilder mehr Sätze brauchen, um weitere Zuwächse zu erzielen. Das stimmt aber nicht. Profi-Bodybuilder haben in vielen
Trainingsjahren ihr Nervensystem dahingehend entwickelt,
daß sie beim Training mehr Muskelfasern pro Wiederholung
einsetzen können. Diese Tatsache macht das Training lang-
jähriger Kraftsportler effektiver, weil sie neuromuskulär einfach
besser entwickelt sind. Als erfahrener Bodybuilder müssen Sie
nicht den Umfang Ihres Trainings steigern, sondern vielmehr
die Intensität – Sie müssen härter trainieren, nicht länger.
• Trainieren Sie immer mit korrekter Technik – zwei Sekunden
  für die Aufwärtsbewegung und zwei für die Abwärtsbewegung.
• Bei der »Ein-Tag-Training, ein-Tag-Pause Methode« folgt auf
  jeden Trainingstag ein Ruhetag. Am ersten Trainingstag
  trainieren Sie die eine Hälfte Ihres Körpers, am nächsten
  Trainingstag die andere Hälfte. Das ermöglicht Ihnen eine
  optimale Erholung zwischen den beiden Trainingstagen. Es
  bedeutet aber auch, daß Sie schon mal an einem Samstag oder
  Sonntag trainieren müssen. Wenn Sie am Wochenende nicht
  trainieren können oder wollen, können Sie auch den Standard-
  Vier-Tage-Split benutzen. Sie trainieren dann die eine Hälfte
  des Körpers am Montag und Donnerstag und die andere am
  Dienstag und Freitag. Diese Methode unterstützt Ihre Erholung
  zwar nicht so optimal, aber sie ist durchaus als effektiv
  einzustufen.

- Nutzen Sie das Prinzip des Phasentrainings. Trainieren Sie vier bis sechs Wochen lang alle Sätze (außer den Aufwärmsätzen) bis zum Punkt des Muskelversagens und lassen Sie es in den anschließenden zwei Wochen ein wenig lockerer angehen. (Lesen Sie auch »Ironman's Home Gym Handbuch«, wenn Sie weitere Informationen zum Phasentraining wünschen.)
- Beim Belastungspositions-Massetraining (BP-Training) Split 2 finden Sie auch Übungen für die Unterarme. Trainieren Sie die Unterarme nur, wenn Sie zu Ihren schwachen Körperteilen gehören. Bedenken Sie, daß Ihre Unterarme bei fast allen Übungen, bei denen Sie etwas greifen oder festhalten, mit trainiert werden.

Im Belastungspositions-Massetraining Split 1 finden Sie Übungen für den Trapezius. Die meisten Bodybuilder trainieren den Trapezius beim Schulter- und Rückentraining ausreichend mit. Führen Sie diese Übungen nur aus, wenn Ihr Trapezius noch nicht ausreichend entwickelt ist.

*

Belastungspositions-Split-Training

Trainingsplan 1

Die jeweilige Belastungsposition ist wie folgt gekennzeichnet:
M = mittlere Belastungsposition
G = gestreckte Belastungsposition
K = kontrahierte Belastungsposition

Tag 1

vord. Oberschenkel	Kniebeugen *M*	2 x 8–12
	Sissy-Kniebeugen *G*	2 x 8–12
	Beinstrecken *K*	1 x 8–12
hint. Oberschenkel	Kreuzheben mit	
	gestreckten Beinen *M+G*	2 x 8–12
	Beincurls *K*	2 x 8–12
Waden	Beincurls mit	
	ausgestreckten Zehen *M*	1 x 12–20
	Wadenheben,	
	vorgebeugt *G*	2 x 12–20
	Wadenheben, stehend *K*	1 x 12–20
Obere Brust	Schrägbankdrücken *M*	2 x 8–12
	Fliegende Bewegungen	
	auf der Schrägbank *G+K*	1 x 8–12

Fortsetzung auf nächster Seite

Belastungspositions-Split-Training

Trainingsplan 1 (Fortsetzung)

Untere Brust	Bankdrücken *M*	2 x 8–12
	Fliegende Bewegungen auf der abwärts geneigten Bank *G+K*	1 x 8–12
Trizepse	Trizepsdrücken mit Kurzhanteln, liegend *M*	2 x 8–12
	Trizepsdrücken über Kopf, sitzend *G*	1 x 8–12
	Trizeps-Kickbacks *K*	1 x 8–12
Tag 2		
mittlerer Rücken	Klimmzüge zum Nacken *M*	2 x 8–12
	Rudern, vorgebeugt *G+K*	2 x 8–12
Latissimus	Klimmzüge mit weitem Griff *M*	2 x 8–12
	Kurzhantel-Überzüge *G*	1 x 8–12
	Klimmzüge mit Untergriff *K*	1 x 8–12
Trapezius	Schulterheben, vorgebeugt *G+K*	2 x 8–12

Fortsetzung auf nächster Seite

105

Belastungspositions-Split-Training

Trainingsplan 1 (Fortsetzung)

Schultern	Nackendrücken *M*	2 x 8–12
	Seitheben auf der	
	Schrägbank, einarmig *G*	2 x 8–12
	Seitheben *K*	1 x 8–12
Bizepse	Langhantelcurls *M*	2 x 8–12
	Kurzhantelcurls auf der	
	Schrägbank *G*	1 x 8–12
	Konzentrationscurls,	
	einarmig *K*	1 x 8–12
Bauchmuskeln	Bauchpressen, revers *M+K*	1 x 10–20
	Bauchpressen auf dem	
	Roman Chair *G*	1 x 10–20
	Bauchpressen *K*	1 x 10–20

Belastungspositions-Split-Training

Trainingsplan 2

Die jeweilige Belastungsposition ist wie folgt gekennzeichnet:
M = mittlere Belastungsposition
G = gestreckte Belastungsposition
K = kontrahierte Belastungsposition

Tag 1

vord. Oberschenkel	Frontkniebeugen *M*	2 x 10–15
	Sissy-Kniebeugen *G*	2 x 8–12
	Beinstrecken *K*	1 x 8–12
hint. Oberschenkel	Good Mornings *M+G*	2 x 8–12
	Beincurls *K*	2 x 8–12
Waden	Beincurls mit ausgestreckten Zehen *M*	1 x 12–20
	Wadenheben, vorgebeugt *G*	2 x 12–20
	Wadenheben auf einem Bein *K*	1 x 12–20
Obere Brust	Schrägbankdrücken *M*	2 x 8–12
	Fliegende Bewegungen auf der Schrägbank *G+K*	2 x 8–12

Fortsetzung auf nächster Seite

Belastungspositions-Split-Training

Trainingsplan 2 (Fortsetzung)

Untere Brust	Bankdrücken auf der abwärts geneigten Bank *M*	2 x 8–12
	Fliegende Bewegungen *G+K*	2 x 8–12
Trizepse	Trizepsdrücken mit Kurzhanteln, liegend *M*	1 x 8–12
	Trizepsdrücken über Kopf, sitzend *G*	1 x 8–12
	Trizeps-Kickbacks *K*	1 x 8–12
Tag 2		
mittlerer Rücken	Klimmzüge zum Nacken *M*	2 x 8–12
	Rudern, vorgebeugt mit einer Kurzhantel *G*	2 x 8–12
	Seitheben, vorgebeugt mit angewinkelten Armen *K*	2 x 8–12
Latissimus	Klimmzüge zur Brust *M*	2 x 8–12
	Kurzhantel-Überzüge *G*	1 x 8–12
	Klimmzüge mit Untergriff *K*	1 x 8–12
Schultern	Nackendrücken *M*	2 x 8–12

Fortsetzung auf nächster Seite

Belastungspositions-Split-Training

Trainingsplan 2 (Fortsetzung)

	Seitheben auf der Schrägbank, einarmig G	2 x 8–12
	Rudern, stehend mit weitem Griff K	1 x 8–12
Bizepse	Scottcurls M	2 x 8–12
	Kurzhantelcurls auf der Schrägbank G	1 x 8–12
	Konzentrationscurls, einarmig K	1 x 8–12
Unterarmflexoren	Handgelenkcurls, aufwärts gestellte Bank M	1 x 8–12
	Handgelenkcurls, abwärts geneigte Bank G	1 x 8–12
Unterarmextensoren	Hammercurls M	1 x 8–12
	Handgelenkcurls, revers, aufwärts gestellte Bank G	1 x 8–12
	Handgelenkcurls, revers, abwärts geneigte Bank K	1 x 8–12
Bauchmuskeln	Beinheben, hängend M+K	1 x 10–20
	Bauchpressen auf dem Roman Chair G	1 x 10–20

»ERFOLG IM BODYBUILDING ERFORDERT DISZIPLIN UND
HARTE ARBEIT. DISZIPLIN UND HARTE ARBEIT ALLEIN
GARANTIEREN ABER NOCH KEINEN ERFOLG. SIE MÜSSEN VOR
ALLEM IHREN KOPF EINSETZEN. DAS BEDEUTET: STÄNDIGES
LERNEN, PLANEN, EXPERIMENTIEREN UND ÜBERPRÜFEN.«

CLARENCE BASS, RIPPED

KAPITEL 9

BELASTUNGS POSITIONS VORERMÜDUNGS TRAINING

Tom Platz: Beinstrecken

Intensität ist der ultimative Schlüssel zum Muskelwachstum. Je härter Sie einen Muskel trainieren, desto mehr wird er gezwungen sein, mit Wachstum auf die Trainingsreize zu reagieren. Für einen Anfänger oder leicht fortgeschrittenen Bodybuilder ist es nicht sonderlich schwer, intensiv zu trainieren. In den ersten Trainingsjahren können Sie Ihre Muskeln mit schweren Grundübungen zu schnellem Wachstum reizen. Wenn Sie aber erst einmal über einige Jahre Trainingserfahrung verfügen, müssen Sie Ihre Muskeln immer neuen Wachstumsreizen aussetzen um weitere Fortschritte zu erzielen. Mit konventionellen Trainingsmethoden, wie etwa das Training mit schweren Grundübungen, kann das, wegen der bereits in Kapitel sieben beschriebenen »Schwachpunkte« dieser Übungen, zunehmend schwerer werden.

Die beste und effektivste Methode die »Schwachpunkte« der Grundübungen zu umgehen, ist das Vorermüdungsprinzip. Erfahrene Bodybuilder können mit dieser Methode ihre Muskeln derart schocken, daß neues Wachstum quasi über Nacht eintritt –vorausgesetzt sie wenden es richtig an. Stellen Sie sich jetzt einmal vor, wie effektiv Ihr Training wäre, wenn Sie das Prinzip der Vorermüdung mit dem Belastungspositions-Massetraining (BP-Training) kombinieren. Sie hätten ein unschlagbares Konzept zum Aufbau gewaltiger Muskelberge.

Mit dem BP-Vorermüdungstraining, wie wir diese kombinierte Methode nennen, eliminieren Sie nicht nur die »Schwachpunkte« der Grundübungen, sondern trainieren gleichzeitig alle Muskeln in den drei wichtigen Belastungspositionen. Auf diese Weise bringen Sie jede einzelne Muskelfaser an den Rand des Ertragbaren. Weil diese Methode so unglaublich intensiv ist, sollten Sie nie länger als einige wenige Wochen damit trainieren. Anfänger und leicht Fortgeschrittene sollten noch nicht einmal daran denken, diese Methode in Ihr Training einzubeziehen.

Um das BP-Vorermüdungstraining optimal zu nutzen, müssen Sie mit einer kontrahierten Position beginnen. So setzen Sie den Muskel während der gesamten Bewegung einem maximalen Widerstand aus. Mit dieser Art der Maximalkontraktion erschöpfen Sie bereits einen großen Anteil an Muskelfasern. Führen Sie unmittelbar danach eine Übung in der mittleren Position aus, um den bisher wenig beanspruchten »Schwachpunkt« zu trainieren. Wiederholen Sie diesen Supersatz einmal, so daß Sie insgesamt zwei Sätze erzielt haben. Beenden Sie das Training für diese Muskelgruppe mit ein bis zwei Sätzen in der gedehnten Position. Um es einmal anders auszudrücken: Sie trainieren zwei Supersätze mit Übungen in der kontrahierten und mittleren Position und anschließend eine Übung in der gestreckten Position.

Werfen Sie einmal einen Blick auf die Trainingspläne am Ende dieses Kapitels, und Sie werden feststellen, daß der größte Teil der Muskelgruppen mit dieser Methode trainiert wird. Sicher gibt es ein paar Ausnahmen, aber diese machen das BP-Vorermüdungstraining sogar noch effektiver. Für die hintere Oberschenkelmuskulatur trainieren Sie zuerst Beincurls, eine Übung, welche die kontrahierte Position beansprucht. Anschließend folgt Kreuzheben mit gestreckten Beinen, eine Übung die gleichzeitig die mittlere und gestreckte Position belastet. Übungen, mit denen Sie zwei Belastungspositionen gleichzeitig trainieren, wie etwa das Kreuzheben, machen das BP-Vorermüdungstraining effektiver, weil sie den Muskel in weniger Zeit mit zwei Belastungspositionen ermüden.

Wenn Sie erst einmal mit dem BP-Vorermüdungs-Programm trainieren, werden Sie schnell feststellen, warum man es für eines der besten Trainings-Systeme zum Aufbau von Muskelmasse hält. Gleichzeitig werden Sie erfahren, was Training in der Schmerzzone wirklich bedeutet. Machen Sie sich auf etwas gefaßt. Hier noch einige Tips zum BP-Vorermüdungstraining:

- Machen Sie zwischen den Übungen in der kontrahierten und der mittleren Position keine Pause.
- Trainieren Sie immer mit kontrollierten Bewegungen und sauberer Technik.
- Führen Sie nie mehr als zwei der beschriebenen Supersätze für eine Muskelgruppe aus; im Normalfall reicht ein Satz. Als Faustregel sollten Sie sich merken: zwei Supersätze für die schwächeren Körperteile und nur einer für die besseren. Die Gesamtzahl der Sätze pro Trainingseinheit sollte 25 nicht überschreiten. Denken Sie immer daran, daß es sich um eine Intensitätstechnik handelt, die Sie härter trainieren läßt. Für optimale Ergebnisse bedeutet härteres Training aber auch kürzeres Training.
- Trainieren Sie jeden zweiten Tag, das bedeutet, daß auf jeden Trainingstag ein Ruhetag folgt. Beispiel: Montag Trainingsplan 1, Dienstag Ruhe, Mittwoch Trainingsplan 2, Donnerstag Ruhe, Freitag Trainingsplan 1, Samstag Ruhe etc.
- Wenden Sie das BP-Vorermüdungstraining nie länger als drei bis vier Wochen an. Respektieren Sie die unglaubliche Intensität dieser Methode, oder Sie werden sich schnell in einem Zustand des Übertrainings befinden und sogar Muskelmasse abbauen.

*

Belastungspostions-Vorermüdungstraining
Trainingsplan 1

Die jeweilige Belastungsposition ist wie folgt gekennzeichnet:
M = mittlere Belastungsposition
G = gestreckte Belastungsposition
K = kontrahierte Belastungsposition

Tag 1

vord. Oberschenkel	Beinstrecken *K*	1–2 x 8–12
	im Supersatz mit	
	Kniebeugen *M*	1–2 x 8–12
	Sissy-Kniebeugen *G*	1 x 8–12
hint. Oberschenkel	Beincurls *K*	1 x 8–12
	im Supersatz mit	
	Kreuzheben mit	
	gestreckten Beinen *M+G*	1–2 x 8–12
Unterer Rücken	Hyperextensionen *K*	1–2 x 8–12
Waden	Wadenheben, stehend *K*	1–2 x 12–20
	im Supersatz mit	
	Beincurls mit	
	ausgestreckten Zehen *M*	1–2 x 12–20
	Wadenheben, vorgebeugt *G*	2 x 12–20

Fortsetzung auf nächster Seite

Belastungspostions-Vorermüdungstraining
Trainingsplan 1 (Fortsetzung)

Obere Brust	Fliegende Bewegungen auf der Schrägbank* $G+K$	1–2 x 8–12
	im Supersatz mit	
	Schrägbankdrücken M	1–2 x 8–12
Untere Brust	Fliegende Bewegungen * G	2 x 8–12
	im Supersatz mit	
	Bankdrücken M	2 x 8–12
Trizepse**	Trizeps-Kickbacks K	1 x 8–12
	im Supersatz mit	
	Bankdrücken mit engem Griff M	1 x 8–12
	Trizepsdrücken über Kopf, sitzend G	1 x 8–12

* Bei Fliegenden Bewegungen mit Kurzhanteln muß der Muskel in der kontrahierten Position keinen Widerstand überwinden. Daher handelt es sich bei Fliegenden Bewegungen eigentlich nicht um eine korrekte Übung für die kontrahierte Position. Sollte Ihnen keine Kabelzugmaschine zur Verfügung stehen, gibt es leider keine Alternative für eine kontrahierte Belastungsposition. Sie können nur folgendes versuchen: Spannen Sie Ihre Brustmuskeln in der kontrahierten Position dieser Übung bewußt so fest wie möglich an; so kommen Sie dem gewünschten Ergebnis recht nah.

** Die Trizepse haben keine »Schwachpunkte«. Wenn sie aber zuerst mit einer Isolationsübung erschöpft werden, können Sie die Trizepse anschließend mit Hilfe anderer Muskelgruppen noch intensiver belasten. In diesem Plan werden die Trizepse bei der Ausführung von Bankdrücken mit engem Griff durch die Brustmuskeln unterstützt.

Fortsetzung auf nächster Seite

Belastungspostions-Vorermüdungstraining
Trainingsplan 1 (Fortsetzung)

Tag 2

mittlerer Rücken	Seitheben, vorgebeugt mit	
	angewinkelten Armen **K**	1–2 x 8–12
	im Supersatz mit	
	Klimmzügen zum	
	Nacken **M**	1–2 x 8–12
	Rudern, vorgebeugt mit	
	einer Kurzhantel **G**	1 x 8–12
Latissimus	Schulterblattrotieren,	
	vorgebeugt **K**	1–2 x 8–12
	im Supersatz mit	
	Klimmzügen zur Brust **M**	1–2 x 8– 12
	Langhantel-Überzüge **G**	1–2 x 8–12
Schultern	Seitheben K	1–2 x 8–12
	im Supersatz mit	
	Nackendrücken M	1–2 x 8–12
	Seitheben auf der	
	Schrägbank, einarmig G	1–2 x 8–12

Fortsetzung auf nächster Seite

Belastungspostions-Vorermüdungstraining
Trainingsplan 1 (Fortsetzung)

Bizepse*	Konzentrationscurls, einarmig **K**	1 x 8–12
	im Supersatz mit	
	Klimmzügen mit Untergriff **M**	1 x 8–12
	Kurzhantelcurls auf der Schrägbank **G**	1 x 8–12
Bauchmuskeln	Bauchpressen **K**	1 x 10–20
	im Supersatz mit	
	Bauchpressen, revers **M+K**	1 x 10–20
	Bauchpressen auf dem Roman Chair **G**	1 x 10–20

* Die Bizepse haben keine »Schwachpunkte«. Wenn Sie sie aber zuerst mit einer Isolationsübung erschöpfen, können sie anschließend mit Hilfe anderer Muskelgruppen noch intensiver belastet werden. Hier unterstützen die Rückenmuskeln (bei den Klimmzügen mit Untergriff) die Bizepse.

Belastungspositions-Vorermüdungstraining
Trainingsplan 2

Die jeweilige Belastungsposition ist wie folgt gekennzeichnet:
M = mittlere Belastungsposition
G = gestreckte Belastungsposition
K = kontrahierte Belastungsposition

Tag 1

vord. Oberschenkel	Beinstrecken **K**	1–2 x 8–12
	im Supersatz mit	
	Frontkniebeugen **M**	1–2 x 8–12
	Sissy-Kniebeugen **G**	1 x 8–12
hint. Oberschenkel	Beincurls **K**	1 x 8–12
	im Supersatz mit	
	Good Mornings **M+G**	1–2 x 8–12
Waden	Wadenheben, stehend **K**	1–2 x 12–20
	im Supersatz mit	
	Beincurls mit ausgestreckten Zehen **M**	1–2 x 12–20
	Wadenheben, vorgebeugt **G**	2 x 12–20
Untere Brust	Fliegende Bewegungen* **G+K**	2 x 8–12
	im Supersatz mit	
	Bankdrücken mit Kurzhanteln **M**	2 x 8–12

Fortsetzung auf nächster Seite

Belastungspositions-Vorermüdungstraining
Trainingsplan 2 (Fortsetzung)

Obere Brust	Fliegende Bewegungen auf	
	der Schrägbank* **G+K**	1–2 x 8–12
	im Supersatz mit	
	Schrägbankdrücken	
	mit Kurzhanteln **M**	1–2 x 8–12
*Trizepse***	Trizeps-Kickbacks **K**	1 x 8–12
	im Supersatz mit	
	Bankdrücken mit	
	engem Griff **M**	1 x 8–12
	Trizepsdrücken über Kopf,	
	sitzend **G**	1 x 8–12

* Bei Fliegenden Bewegungen mit Kurzhanteln muß der Muskel in der kontrahierten Position keinen Widerstand überwinden. Daher handelt es sich bei Fliegenden Bewegungen eigentlich nicht um eine korrekte Übung für die kontrahierte Position. Sollte Ihnen keine Kabelzugmaschine zur Verfügung stehen, gibt es leider keine Alternative für eine kontrahierte Belastungsposition. Sie können nur folgendes versuchen: Spannen Sie Ihre Brustmuskeln in der kontrahierten Position dieser Übung bewußt so fest wie möglich an; so kommen Sie dem gewünschten Ergebnis recht nah.
** Die Trizepse weisen keine »Schwachpunkte« auf. Wenn Sie aber zuerst mit einer Isolationsübung erschöpft werden, können Sie sie anschließend mit Hilfe anderer Muskelgruppen noch intensiver belasten. In diesem Plan werden die Trizepse (beim Bankdrücken mit engem Griff) durch die Brustmuskeln unterstützt.

Fortsetzung auf nächster Seite

Belastungspositions-Vorermüdungstraining
Trainingsplan 2 (Fortsetzung)

Tag 2

mittlerer Rücken	Seitheben, vorgebeugt mit angewinkelten Armen *K*	1–2 x 8–12
	im Supersatz mit	
	Klimmzügen zum Nacken *M*	1–2 x 8–12
	Rudern, vorgebeugt mit einer Kurzhantel *G*	1 x 8–12
Latissimus	Schulterblattrotieren, vorgebeugt *K*	1–2 x 8–12
	im Supersatz mit	
	Klimmzügen zur Brust *M*	1–2 x 8–12
	Kurzhantel-Überzüge *G*	1 x 8–12
Schultern	Seitheben *K*	1–2 x 8–12
	im Supersatz mit	
	Nackendrücken mit Kurzhanteln *M*	1–2 x 8–12
	Seitheben auf der Schrägbank, einarmig *G*	1–2 x 8–12

Fortsetzung auf nächster Seite

122

Belastungspositions-Vorermüdungstraining
Trainingsplan 2 (Fortsetzung)

Bizepse*	Konzentrationscurls, einarmig *K*	1 x 8–12
	im Supersatz mit	
	Rudern, vorgebeugt mit Untergriff *M*	1 x 8–12
	Kurzhantelcurls auf der Schrägbank *G*	1 x 8–12
Bauchmuskeln	Bauchpressen *K*	1 x 10–20
	im Supersatz mit	
	Beinheben hängend *M+K*	1 x 10–20
	Bauchpressen auf dem Roman Chair *G*	1 x 10–20

* Die Bizepse weisen keinen »Schwachpunkt« auf. Wenn Sie sie aber zuerst mit einer Isolationsübung erschöpfen, können Sie die Bizepse anschließend mit Hilfe anderer Muskelgruppen noch intensiver belasten. Hier unterstützen die Rückenmuskeln (beim Rudern vorgebeugt mit Untergriff) die Bizepse.

»BEKÄMPFEN SIE DIE LANGEWEILE BEIM TRAINING.
LANGEWEILE IST DIE MUTTER DES VERSAGENS.«

ARNOLD SCHWARZENEGGER, THREE MORE REPS

KAPITEL 10

KOMBI TRAINING

Cory Everson: Hackenschmidt-Kniebeuge

Kann man auch beim Training Zuhause wirklich gewaltige Muskeln aufbauen? Natürlich kann man das. Viele berühmte Bodybuilder haben im Laufe der Jahre in ihren Heimstudios beträchtliche Muskelmasse aufgebaut. Wenn Sie den Film »Pumping Iron« schon einmal gesehen haben, dann wissen Sie, daß Mike Katz in der Vorbereitung auf den Mr. Olympia oft Zuhause trainiert hat – und Mike war so groß und breit wie ein Flugzeugträger. Natürlich hatte er ein paar Leute um sich herum, die ihn ständig aufs Neue motiviert haben. Ganz zu schweigen von der Tatsache, daß er sich auf den wichtigsten Wettkampf seines Lebens vorbereitete, was eigentlich schon Motivation genug war. Die meisten von uns werden nicht in den Genuß einer solchen Inspiration kommen, befürchte ich.

Im Heimstudio lassen sich Fortschritte zweifellos nur mit Hilfe ausreichender Motivation erreichen. Nicht immer ist es leicht, diese Motivation aufrecht zu erhalten. In den meisten kommerziellen Studios hingegen finden Sie eine Atmosphäre, die zu schwerem Training regelrecht auffordert. Sie sehen großartige Körper, hart trainierende Menschen und hören die Geräusche von schweren Gewichten, die mit unzähligen Wiederholungen gepumpt werden, um dann mit einem dumpfen Knall in die Ablagen zu fallen. Sollten diese Dinge die einzige Motivationsquelle für Sie sein, so ist das Training Zuhause leider nichts für Sie.

Aber treffen Sie keine unüberlegten Entscheidungen und verkaufen Sie Ihre Heim-Trainingsgeräte nicht gleich. Es gibt eine Option – eine außergewöhnlich produktive Option – mit der Sie die Sahne von beiden Kuchen einstreichen können. Das Kombi-Training ist ein Trainingssystem, mit dem Sie sowohl Zuhause, als auch in einem kommerziellen Studio, trainieren können. Es bringt reichlich Abwechslung in Ihr Training und wird Ihre Motivation, und damit die Trainingsintensität, in schwindelerregende Höhen treiben. Die folgende Übersicht zeigt Möglichkeiten, wie Sie Ihr Training daheim am besten mit dem Training im Fitness-Studio verbinden können.

Trainingsplan 1: Samstag: Fitness-Studio – Training der schwachen Körperteile. Dienstag: Heimstudio – Ganzkörpertraining. Donnerstag: Heimstudio – Ganzkörpertraining

Trainingsplan 2: Samstag: Heimstudio – Training der schwachen Körperteile. Dienstag: Fitness-Studio – Ganzkörpertraining. Donnerstag: Fitness-Studio – Ganzkörpertraining

Mit diesem System werden Sie in kürzester Zeit geradezu spektakuläre Zuwächse erreichen, und zwar aus den folgenden Gründen:

- Erholung: In der Woche haben Sie 48 Stunden Erholungszeit zwischen den Trainingseinheiten und nach dem anstrengenden Spezialtraining am Samstag sogar volle 72 Stunden.

- Variation: Durch das Training an zwei verschiedenen Orten steht Ihnen eine viel größere Auswahl an Übungen und Geräten zur Verfügung. Langeweile im Training wird für Sie zu einem Fremdwort.

- Inspiration: Mindestens einmal pro Woche trainieren Sie mit anderen, motivierten Bodybuildern im Fitness-Studio.

- Konzentration: Zuhause können Sie sich mindestens einmal in der Woche ungestört auf Ihr Training konzentrieren.

- Integration: Mit dem Ganzkörpertraining belasten Sie Ihren Körper in seiner Gesamtheit, sozusagen als ein komplettes System. Die meisten fortgeschrittenen Bodybuilder erreichen dadurch eine bessere Erholung, und als Folge dessen, einen beschleunigten Muskelaufbau.

- Intensitätssteigerung: Das Spezialtraining am Samstag konzentriert sich nur auf wenige Muskelgruppen. So können Sie Ihre schwachen Körperteile mit höchster Intensität trainieren.

- Anpassung: Sollten Sie einmal einen der Ganzkörper-
  Trainingstage ausfallen lassen, so können Sie am Samstag das
  Spezialtraining streichen und statt dessen ein Ganzkörpertraining ausführen. Zwei Ganzkörper-Trainingstage pro Woche
  versorgen den Körper mit ausreichend Wachstumsreizen.

Wie Sie sehen, ist das Kombi-Training eigentlich ein Drei-Tage-Pro-
gramm – zwei Ganzkörper-Trainingstage in der Woche und ein
Spezial-Trainingsstag am Samstag. Die meisten, der in diesem
Buch vorgestellten Trainingspläne, lassen sich erfolgreich und pro-
blemlos in dieses Programm integrieren. Wenn Sie den Effekt dieses Programms noch weiter steigern wollen, sollten Sie eine der er-
folgreichsten Methoden des Massetrainings, das Belastungspositions-Massetraining (BP-Training), mit dem Kombi-Training verbinden.

Das Belastungspositions-Massetraining, Sie werden sich erinnern, ist die Methode der Wahl, wenn es darum geht, die Effektivität des Gewichtstrainings zu steigern. Sie trainieren den Muskel
in drei verschiedenen Belastungspositionen – der mittleren, der gestreckten und der kontrahierten. Um eine vollständige Entwicklung des Zielmuskels zu erreichen, sollten Sie immer alle drei Positionen trainieren – aber wer hat eigentlich gesagt, daß Sie alle in einem Training durcharbeiten müssen? Wenn Sie zu den Personen
gehören, denen es von Natur aus schwerfällt, Muskelmasse aufzubauen (dem sog. Hardgainer), dann sollten Sie es noch nicht einmal versuchen. (Anmerkung: der soeben angesprochene Perso-
nenkreis kann optimalen Nutzen aus dem in Ironman's Critical
Mass Buch geschilderten »Hardgainers Belastungspositions-Massetraining« ziehen. Es entspricht im wesentlichen dem Dienstags-
und Donnerstags-Training in den am Ende dieses Kapitel beschriebenen Trainingsplänen, wobei das Spezialtraining am Samstag
wegfällt).

Am Dienstag trainieren Sie pro Körperteil eine Übung in der mittleren Position, gefolgt von einer Übung in der gestreckten Position. Donnerstags trainieren Sie noch einmal eine Übung in der mittleren Position, diesmal gefolgt von einer Übung in der kontrahierten Position. Sie arbeiten sich also nach wie vor durch alle drei Positionen, jedoch an zwei verschiedenen Trainingstagen. Die wichtige, mittlere Position wird entsprechend häufiger trainiert.

Falls es Ihnen von Natur aus nicht schwer fällt Muskelmasse aufzubauen, dann kann Ihr Körper durchaus etwas mehr Belastung vertragen. Jetzt kommt das Kombi-Training ins Spiel. Planen Sie eine weitere Trainingseinheit pro Woche, in der Sie sich speziell Ihren schwächeren Muskelgruppen widmen. In dieser Trainingseinheit sollten Sie wirklich alles geben und die problematischen Muskelgruppen durch alle drei Belastungspositionen treiben.

Analysieren Sie einmal die Trainingspläne am Ende dieses Kapitels und Sie werden schnell feststellen, daß es sich beim Kombi-Training um eine der effektivsten Strategien zum Masseaufbau handelt. Wenn Sie Zuhause trainieren und ein kommerzielles Studio in Ihrer Nähe haben, sollten Sie es einmal mit dem Kombi-Training versuchen. Das schnelle Wachstum Ihrer Muskeln wird sie überraschen. Hier noch einige Tips zum Kombi-Training:

- Samstags, bei Ihrem Spezialtraining, sollten Sie nie mehr als zwei große Muskelgruppen oder eine große und zwei kleine Muskelgruppen trainieren. Brust, Latissimus, Rücken und vordere Oberschenkel gehören zu den großen Muskelgruppen, Bizeps, Trizeps, Schultern, hintere Oberschenkel, Waden, Unterarme und Trapezius zu den kleinen.

- Trainieren Sie am Samstag Ihre schwächsten Muskelgruppen immer zuerst, gefolgt von den zweitschwächsten usw. Sollten Ihre Bizeps, Trizeps oder Unterarme zu den schwachen

Muskelgruppen gehören, so werden diese trotzdem immer zum Ende der Spezialeinheit trainiert.

- Natürlich müssen Sie am Samstag nicht ausschließlich Ihre schwachen Muskelgruppen trainieren. Sie können auch kleinere Muskelgruppen, die an den Ganzkörper-Trainingstagen schon mal hintenan stehen mußten, in Ihren Samstagsplan einbauen. Dazu gehören Unterarme, Trapezius, und/oder Brachialis (siehe Trainingsplan 2).

- Das Training am Samstag sollte weniger als eine Stunde Zeit in Anspruch nehmen.

- Sicher werden Sie an den Tagen, an denen Sie im Fitness-Studio trainieren, die Ausrüstung benutzen wollen, die Ihnen Zuhause nicht zur Verfügung steht. So können Sie anstelle von normalen Langhantelcurls, Curls an der Maschine machen. Anstelle von Fliegenden Bewegungen mit Kurzhanteln, können Sie diese auch an der Butterfly-Maschine trainieren. Somit vermeiden Sie Langeweile.

- Der Soleus kann Ihrer Wade deutlich mehr Masse verleihen als der Gastrocnemius. Er liegt unter dem Gastrocnemius und zieht sich, wenn er gut ausgebildet ist, tief in den unteren Teil des Unterschenkels. Sie trainieren die mittlere Position dieses Muskels durch Beincurls mit ausgestreckten Zehen und durch die gestreckte Position mit Wadenheben vorgebeugt (beide Übungen belasten ebenfalls den Gastrocnemius). Um den Soleus in der kontrahierten Position zu trainieren, benötigen Sie eine Maschine für Wadenheben im Sitzen. Da den meisten von Ihnen so eine Maschine nicht in Ihrem Heimstudio zur Verfügung steht, sollten Sie bei jedem Besuch in einem Fitness-Studio die Gelegenheit nutzen und Wadenheben sitzend trainieren.

- Trainieren Sie am Montag zuerst die obere Brust, dann die

untere. Freitags drehen Sie diese Reihenfolge um und trainieren zuerst die untere und anschließend die obere Brust. So legen Sie einmal wöchentlich Priorität auf die obere und einmal auf die untere Brustmuskulatur.

- Verfahren Sie beim Training Ihrer Latissimus- und Rückenmuskeln genauso. Folglich erreichen Sie auch hier eine gleichmäßige Verteilung der Priorität.

- Ihre Bizepse und Trizepse werden bei allen ziehenden und drückenden Bewegungen schon indirekt belastet. Stellen Sie die Regenerationsfähigkeit Ihrer Arme daher nicht auf die Probe, indem Sie auch hier die drei Belastungspositionen anwenden. Normalerweise reicht je eine Übung für diese Muskelgruppen vollständig aus. In den folgenden Trainingsplänen finden Sie jeweils eine Übung in der mittleren Position, aber scheuen Sie sich nicht, diese gegen eine Übung in der gestreckten oder kontrahierten Position auszutauschen (Der Trainingsplan in Kapitel 9 enthält eine Vielzahl an Austauschübungen).

- Wärmen Sie sich vor jeder Übung, die eine mittlere Belastungsposition beansprucht, mit ein bis zwei leichten Sätzen auf.

- Trainieren Sie während einer intensiven Trainingsphase alle Trainingssätze bis an den Punkt des Muskelversagens.

*

Kombi-Training

Trainingsplan 1

Dienstag: Ganzer Körper, Heimtraining

vord. Oberschenkel	Kniebeugen *M*	1 x 8–12
	Sissy-Kniebeugen *G*	1 x 8–12
hint. Oberschenkel	Kreuzheben mit gestreckten Beinen *M+G*	1 x 8–12
Waden	Beincurls mit ausgestreckten Zehen *M*	1 x 12–20
	Wadenheben, vorgebeugt *G*	1 x 12–20
Obere Brust	Schrägbankdrücken *M*	1 x 8–12
	Fliegende Bewegungen auf der Schrägbank* *K+G*	1 x 8–12
Untere Brust	Bankdrücken *M*	1 x 8–12
Trapezius	Klimmzüge zum Nacken *M*	1 x 8–12
	Rudern, vorgebeugt mit einer Kurzhantel *K+G*	1 x 8–12
Latissimus	Klimmzüge zur Brust *M*	1 x 8–12
	Langhantel-Überzüge *G*	1 x 8–12
Schultern	Nackendrücken *M*	1 x 8–12

Fortsetzung auf nächster Seite

133

Kombi-Training

Trainingsplan 1 (Fortsetzung)

	Seitheben auf der Schrägbank, einarmig *K*	1 x 8–12
Trizepse	Trizepsdrücken mit Kurzhanteln, liegend *M*	1 x 8–12
Bizepse	Langhantelcurls *M*	1 x 8–12
Bauch	Bauchpressen, revers *M+K*	1 x 10–20
	Bauchpressen auf dem Roman Chair *G*	1 x 10–20

Donnerstag: Ganzer Körper, Heimtraining

vord. Oberschenkel	Kniebeugen *M*	1 x 8–12
	Beinstrecken *K*	1 x 8–12
hint. Oberschenkel	Kreuzheben mit gestreckten Beinen *M+G*	1 x 8–12
	Beincurls *K*	1 x 8–12
Waden	Beincurls mit ausgestreckten Zehen *M*	1 x 8–12
	Wadenheben auf einem Bein *K*	1 x 12–20

Fortsetzung auf nächster Seite

Kombi-Training

Trainingsplan 1 (Fortsetzung)

Untere Brust	Bankdrücken *M*	1 x 8–12
	Fliegende Bewegungen auf der abwärts geneigten Bank* *K+G*	1 x 8– 12
Obere Brust	Schrägbankdrücken *M*	1 x 8–12
Latissimus	Klimmzüge zur Brust *M*	1 x 8–12
	Rudern, vorgebeugt mit Untergriff *K*	1 x 8–12
Trapezius	Klimmzüge zum Nacken *M*	1 x 8–12
	Seitheben, vorgebeugt mit angewinkelten Armen *K*	1 x 8–12
Schultern	Nackendrücken *M*	1 x 8–12
	Seitheben *K*	1 x 8–12
Trizepse	Trizepsdrücken mit Kurzhanteln, liegend *M*	1 x 8–12
Bizepse	Langhantelcurls *M*	1 x 8–12
Bauchmuskeln	Bauchpressen, revers *M+K*	1 x 10–20
	Bauchpressen *G*	1 x 10–20

Fortsetzung auf nächster Seite

Kombi-Training

Trainingsplan 1 (Fortsetzung)

Samstag: Schwache Körperteile, Fitness-Studio

vord. Oberschenkel	Beinpressen *M*	2 x 8–12
	Sissy-Kniebeugen *K*	2 x 8–12
	Beinstrecken *G*	1 x 8–12
Waden	Wadenheben, sitzend *K*	2 x 8–12
Obere Brust	Schrägbankdrücken in der Multipress-Maschine *M*	2 x 8–12
	Fliegende Bewegungen auf der Schrägbank *K+G*	1 x 8–12
Untere Brust	Bankdrücken auf der abwärts geneigten Bank *M*	2 x 8–12
	Kabelzüge über Kreuz *K+G*	1 x 8–12

* Bei Fliegenden Bewegungen mit Kurzhanteln muß der Muskel in der kontrahierten Position keinen Widerstand überwinden. Daher handelt es sich bei Fliegenden Bewegungen eigentlich nicht um eine korrekte Übung für die kontrahierte Position. Sollte Ihnen keine Kabelzugmaschine zur Verfügung stehen, gibt es leider keine Alternative für eine kontrahierte Belastungsposition. Sie können nur folgendes versuchen: Spannen Sie Ihre Brustmuskeln in der kontrahierten Position dieser Übung bewußt so fest wie möglich an, dann kommen Sie dem gewünschten Ergebnis recht nahe.

Kombi-Training

Trainingsplan 2

Dienstag: Ganzer Körper, Fitness-Studio

vord. Oberschenkel	Kniebeugen *M*	1 x 8–12
	Sissy-Kniebeugen *G*	1 x 8–12
hint. Oberschenkel	Kreuzheben mit gestreckten Beinen *M+G*	1 x 8–12
Waden	Beincurls mit ausgestreckten Zehen *M*	1 x 12–20
	Wadenheben, vorgebeugt *G*	1 x 12–20
Waden (Soleus)	Wadenheben, sitzend *K*	2 x 8–12
	Wadenheben, vorgebeugt *G*	1 x 12–20
Obere Brust	Schrägbankdrücken mit Kurzhanteln *M*	1 x 8–12
	Fliegende Bewegungen auf der Schrägbank *K+G*	1 x 8–12
Untere Brust	Bankdrücken auf der abwärts geneigten Bank *M*	1 x 8–12
Trapezius	Latziehen zum Nacken *M*	1 x 8–12
	Rudern, sitzend am Kabel *K*	1 x 8–12

Fortsetzung auf nächster Seite

Kombi-Training

Trainingsplan 2 (Fortsetzung)

Latissimus	Latziehen zur Brust *M*	1 x 8–12
	Überzüge an der Überzug-Maschine *G*	1 x 8–12
Schultern	Nackendrücken *M*	1 x 8–12
	Seitheben am Kabelzug, einarmig *K*	1 x 8–12
Trizepse	Trizepsdrücken mit Kurzhanteln, liegend *M*	1 x 8–12
Bizepse	Scottcurls an der Curlmaschine *M*	1 x 8–12
Bauchmuskeln	Bauchpressen, revers *M+K*	1 x 10–20
	Bauchpressen auf dem Roman Chair *G*	1 x 10–20

Donnerstag: Ganzer Körper, Fitness-Studio

vord. Oberschenkel	Kniebeugen in der Multipress-Maschine *M*	1 x 8–12
	Beinstrecken *K*	1 x 8–12
hint. Oberschenkel	Kreuzheben mit gestreckten Beinen *M+G*	1 x 8–12
	Beincurls *K*	1 x 8–12

Fortsetzung auf nächster Seite

Kombi-Training

Trainingsplan 2 (Fortsetzung)

Waden	Wadenheben, stehend *K*	1 x 12–20
Waden (Soleus)	Wadenheben, sitzend *K*	1 x 8–12
Untere Brust	Bankdrücken auf der abwärts geneigten Bank *M*	1 x 8–12
	Fliegende Bewegungen am Kabelzug *K+G*	1 x 8–12
Obere Brust	Schrägbankdrücken mit Kurzhanteln *M*	1 x 8–12
Latissimus	Latziehen zur Brust *M*	1 x 8–12
	Überzüge an der Überzug-Maschine *K*	1 x 8–12
Trapezius	Latziehen zum Nacken *M*	1 x 8–12
	Seitheben, vorgebeugt mit angewinkelten Armen *K*	1 x 8–12
Schultern	Nackendrücken *M*	1 x 8–12
	Seitheben *K*	1 x 8–12
Trizepse	Trizepsdrücken mit Kurzhanteln, liegend *M*	1 x 8–12
Bizepse	Scottcurls an der Curlmaschine *M*	1 x 8–12

Fortsetzung auf nächster Seite

Kombi-Training

Trainingsplan 2 (Fortsetzung)

Bauch	Bauchpressen, revers $M+K$	1 x 10–20
	Bauchpressen in der Maschine G	1 x 10–20

Samstag: Schwache Körperteile, Heimstudio

Trizepse	Bankdrücken mit engem Griff M	2 x 8–12
	Trizepsdrücken über Kopf, sitzend G	2 x 10–20
	Trizeps-Kickbacks K	1 x 8–12
Bizepse	Langhantelcurls M	2 x 8–12
	Kurzhantelcurls auf der Schrägbank G	2 x 10–20
	Konzentrationcurls, einarmig K	1 x 8–12
Unterarmflexoren	Handgelenkcurls, aufwärts gestellte Bank G	1 x 8–12
	Handgelenkcurls hinter dem Körper K	1 x 8–12
Unterarmextensoren	Hammercurls M	1 x 8–12
	Handgelenkcurls, revers, aufwärts gestellte Bank G	1 x 8–12
	Handgelenkcurls, revers, abwärts geneigte Bank K	1 x 8–12

»UM EIN WIRKLICH GUTER BODYBUILDER ZU WERDEN, REICHT ES NICHT AUS, EINFACH NUR MASSE AUFZUBAUEN. SIE MÜSSEN DIE MUSKELN AUCH AUSFORMEN. DAS GESCHIEHT NUR, WENN SIE JEDEN TEIL DES MUSKELS TRAINIEREN UND IHN IN ALLEN MÖGLICHEN WINKELSTELLUNGEN ATTACKIEREN. SO WIRD DER GESAMTE MUSKEL STIMULIERT UND JEDE EINZELNE FASER MIT EINBEZOGEN.«

ARNOLD SCHWARZENEGGER, DAS GROSSE BODYBUILDING BUCH

Shawn Ray: Kurzhantel-Rudern

NACHWORT

Variation, Intensität und Überlastung sind einige wichtige und hochmotivierende Begriffe im Bodybuildung. Aber das wichtigste Wort ist immer noch »Anstrengung«. Keines, der in diesem Buch vorgestellten Programme, arbeitet, wenn Sie nicht arbeiten. Sie müssen die Leistung erbringen. Sie alleine. Egal, welches der vorgestellten Programme Sie wählen, Sie sind es, der all seine Kraft, Anstrengung und Konzentration hineinlegen muß, um sichtbare Fortschritte zu erzielen.

Haben Sie keine Angst davor, an Ihre Leistungsgrenzen zu stoßen. Trainieren Sie in den Phasen mit hoher Intensität alle Sätze außer den Aufwärmsätzen bis ans Limit. Wie möchten Sie in Topform aussehen. Wie werden Sie sich fühlen, wenn Sie dieses Ziel erreicht haben erreichen? Halten Sie dieses Bild vor Ihrem inneren Auge fest, und benutzen Sie Ihre Vorstellung und das dazugehörige Gefühl als Ansporn. Dieser Ansporn wird Sie zu immer größeren Leistungen treiben und Ihnen ein Training in der Schmerzzone, und sogar darüber hinaus, ermöglichen.

Vergessen Sie nicht, daß es im Bodybuilding, genau wie im richtigen Leben, nichts umsonst gibt. Wenn Sie etwas erreichen wollen, müssen Sie dafür arbeiten. Je härter Sie arbeiten, desto besser werden die Resultate sein. Trainieren Sie hart und intelligent, und Sie werden mit Hilfe der Trainingspläne in diesem Buch mehr Kraft und Muskelmasse aufbauen, als Sie in Ihren kühnsten Träumen erwartet hätten.

*

Lee Labrada: Masse, Symmetrie, Definition

ÜBUNGEN

Atem-Kniebeugen (vordere und hintere Oberschenkel, Gesäß, unterer Rücken): Beladen Sie die in einem Kniebeugenständer liegende Langhantelstange mit einem Gewicht, das Sie normalerweise für 12 Wiederholungen verwenden. Stellen Sie sich vor den Kniebeugenständer und umfassen Sie die Hantelstange mit schulterweitem Obergriff. Schreiten Sie unter die Langhantel und plazieren Sie die Stange so, daß sie im Nacken und auf den Schultern aufliegt. Umwickeln Sie die Stange gegebenenfalls vorher mit einem Handtuch.

Atmen Sie tief ein, heben Sie die Hantel aus der Ablage und gehen Sie vorsichtig einen Schritt zurück. Nehmen Sie einen sicheren Stand ein, die Füße etwa zehn Zentimeter mehr als schulterbreit auseinander und die Fußspitzen leicht nach außen gerichtet. Stehen Sie aufrecht, legen Sie den Kopf zurück in den Nacken und fixieren Sie Ihren Blick auf einen Punkt an der Wand vor Ihnen. Holen Sie ein paarmal tief Luft und beginnen Sie dann einatmend mit der Abwärtsbewegung. Halten Sie Ihren Rücken absolut gerade und Ihren Blick geradeaus gerichtet und sinken Sie langsam in die Hocke. Schauen Sie nicht nach oben. Das führt dazu, daß Sie zu sehr ins Hohlkreuz fallen und den unteren Rücken überstrecken, was zu schmerzhaften Verletzungen führen kann. Sie sollten Ihren Rumpf so aufrecht wie nur eben möglich halten. Die Abwärtsbewegung sollte zwei bis drei Sekunden dauern.

Beginnen Sie mit der Aufwärtsbewegung, sobald sich Ihre Oberschenkel parallel zum Boden befinden. Vermeiden Sie jegliche Art von Schwung oder Federn in der tiefsten Position der Kniebeuge. Drücken Sie sich allein unter Einsatz Ihrer Oberschenkelmuskulatur in einer zügigen, aber kontrollierten Bewegung wieder in die Ausgangsposition zurück und atmen Sie dabei aus. Während der Aufwärtsbewegung sollte Ihr Blick auf den zuvor gewählten Punkt gerichtet bleiben. Atmen Sie dreimal tief durch und beginnen Sie während des vierten Atemzugs erneut mit der Abwärtsbewegung. Atmen Sie zwischen den einzelnen Wiederholungen mindestens dreimal tief durch. Ab der zehnten Wiederholung werden Sie möglicherweise sechs- bis zehnmal atmen müssen.

Ausfallschritt, wechselseitig (vordere Oberschenkel, Beinbizeps, Gesäß): Sie stehen aufrecht, mit einer Langhantel über den Schultern. Setzen Sie nun Ihren rechten Fuß einen großen Schritt nach vorn und gehen sie hinunter, bis Sie mit dem linken Knie den Boden berühren. Drücken Sie sich unter Anspannung des rechten Beines in die Ausgangsposition zurück. Setzen Sie die Füße wieder nebeneinander. Jetzt folgt die gleiche Prozedur mit dem linken Bein. Fahren Sie so lange fort, bis Sie einen Satz beendet haben. *Tip:* Eine weitere Variante des Ausfallschrittes wäre, das Standbein jeweils erst einen Schritt zurückzusetzen, ehe das zu trainierende Bein einen Schritt vorgesetzt wird. Nachdem das Knie des Standbeins den Boden berührt hat, drücken Sie sich unter Anspannung des vorgesetzten Beines hoch und nehmen die Ausgangsposition wieder ein.

Bankdrücken (gesamte Brust): Legen Sie sich rücklings auf eine Bank, in deren Ablagen eine beladene Langhantel liegt. Greifen Sie die Hantel etwas weiter als Schulterbreit, heben Sie sie aus der Ablage, strecken Sie die Arme durch, und senken Sie das Gewicht ab, bis es die Brust berührt. Drücken Sie die Hantel ohne Pause wieder hoch, bis die Arme gestreckt sind. Wiederholen Sie die Bewegung. Bei dieser Übung ist der Beistand eines Partners sehr zu empfehlen: Wenn Sie am Ende des Satzes die Hantel nicht mehr bis in die

Höhe der Ablage drücken können, ist jemand zur Stelle, der Ihnen hilft. *Tip:* Um die Brustmuskeln noch besser zu dehnen, stellen Sie die Ellbogen weit zur Seite hin aus und senken Sie die Hantel über dem Hals. Alternativübung: Kurzhantel-Bankdrücken.

Bankdrücken mit engem Griff (Trizepse): Führen Sie diese Übung genauso aus, wie reguläres Bankdrücken für die Brustmuskulatur. Der einzige Unterschied liegt in der Griffbreite. Wählen Sie einen engeren Griff, bei dem die Hände etwa zwanzig Zentimeter auseinander liegen.

Bauchpressen (obere Bauchmuskeln): Legen Sie sich rücklings auf den Boden, die Unterschenkel ruhen auf einer Bank (die Oberschenkel sollten sich im Winkel von 90 Grad zum Körper befinden). Drücken Sie nun das Kinn auf die Brust und ziehen Sie mit den Bauchmuskeln den Brustkorb in Richtung Becken – soweit, daß die Schultern vom Boden hochkommen. Atmen Sie dabei aus und spannen Sie die Bauchmuskeln in der kontrahierten Stellung einige Sekunden fest an. Entspannen Sie und lassen Sie die Schultern auf den Boden zurücksinken. *Tip:* Halten Sie den unteren Rücken während der Bewegung immer am Boden.

Bauchpressen auf dem Roman Chair (Bauchmuskeln): Setzen Sie sich auf einen Roman Chair, mit einem Kniewinkel von 90 Grad und fixieren Sie Ihre Füße unter den Polstern. Senken Sie Ihren Oberkörper nach hinten, bis er etwa parallel zum Boden ist. Bringen Sie sich anschließend, unter Einsatz der Bauchmuskeln, wieder in die Ausgangsposition zurück, indem Sie das Kinn auf die Brust drücken und Ihren Oberkörper in einer Art Curlbewegung nach oben ziehen. *Tip:* Vergessen Sie nicht, daß Sie Bauchpressen ausführen und keine Sit-Ups. Bei Sit-Ups beanspruchen Sie hauptsächlich die Hüftflexoren anstelle der Bauchmuskeln.

Bauchpressen, revers (Bauchmuskeln): Legen Sie sich rücklings auf den Boden, winkeln Sie Ihre Beine leicht an und kreuzen Sie die Füße an den Knöcheln. Drücken Sie die Oberschenkel nach außen, bis die Seiten Ihrer Quadrizepse den Boden fast berühren. Die Arme liegen zur Unterstützung mit den Handflächen nach unten neben dem Körper. Ziehen Sie nun die Knie zur Brust. Dabei heben sich die Hüften ein paar Zentimeter vom Boden ab. Halten Sie die Kontraktion der Bauchmuskeln in der oberen Position der Bewegung für einige Sekunden, bevor Sie die Beine wieder absenken. *Tip:* Atmen Sie in der oberen (kontrahierten) Position der Bewegung aus. *Alternativübung:* Beinheben, hängend

Beincurls (hintere Oberschenkel): Beladen Sie den Hebelarm an Ihrer Bank mit Gewichten oder stecken Sie den Stift an die gewünschte Stelle des Gewichtsstapels. Legen Sie sich mit dem Gesicht nach unten auf die Bank und positionieren Sie die Rückseite der Waden unter den Polstern des Hebelarms. Ziehen Sie nun mit den Beinbizepsen die Fersen zum Gesäß; die Zehen so weit wie möglich in Richtung des Schienbeins angezogen. Bevor Sie das Gewicht wieder absenken, halten Sie die Spannung für zwei Sekunden, am oberen Punkt der Bewegung. *Tip:* Stützen Sie sich mit den Ellbogen auf die Bank, um eine Bewegung der Hüfte auszuschließen.

Beincurls mit ausgestreckten Zehen (Waden, hintere Oberschenkel): Ausführung wie reguläre Beincurls, mit der Ausnahme, daß Sie Ihre Füße dabei wie ein Ballettänzer ausstrecken, so, als wollten Sie auf Ihren Zehenspitzen stehen. Die veränderte Fußposition bringt die Waden ins Spiel.

Beinheben, hängend (Bauchmuskeln): Hängen Sie sich an eine Klimmzugstange, kreuzen Sie die Fußgelenke und ziehen Sie die Knie zur Brust hoch. Runden Sie dabei den unteren Rücken indem Sie Ihr Becken nach vorne und oben schieben. Verharren Sie etwa zwei Sekunden in der obersten Position und spannen Sie dabei die Bauchmuskeln hart an. Gehen Sie anschließend wieder langsam in die Ausgangsposition zurück und wiederholen Sie. *Tip:* Diese Übung ist sehr schwer. Wenn Sie Probleme mit der korrekten Technik haben, sollten Sie weiterhin Bauchpressen oder reverses Bauchpressen trainieren, bis Ihre Bauchmuskeln kräftig genug für diese Übung sind.

Beinstrecken (vordere Oberschenkel): Beladen Sie den Hebelarm der Maschine mit Gewichten oder stecken Sie den Stift an die gewünschte Stelle des Gewichtsstapels. Setzen Sie sich auf die Bank und plazieren Sie Ihre Schienbeine hinter den Polstern. Die Unterschenkel sind im Winkel von etwa 90 Grad gebeugt; der Winkel zwischen Oberschenkel und Oberkörper sollte ebenfalls 90 Grad betragen. Strecken Sie nun die Beine, bis Ihre Quadrizepse voll kontrahieren. Halten Sie diese Position für zwei Sekunden, bevor Sie das Gewicht wieder absenken. Wiederholen Sie die Bewegung.

Dips mit auswärts gestellten Ellbogen (gesamte Brust): Gleiche Ausführung wie zuvor, aber die Ellbogen werden auswärts gestellt und das Kinn auf die Brust gepreßt. Am tiefsten Punkt der Bewegung sollten Sie die Dehnung in den Brustmuskeln spüren, bevor Sie sich in die Ausgangsposition zurückdrücken. **Tip:** Spannen Sie die Brustmuskeln in der oberen Position der Bewegung für einige Sekunden voll an. *Alternativübung:* Bankdrücken auf der abwärts geneigten Bank.

Dips mit einwärts gestellten Ellbogen (Trizeps): Stützen Sie sich mit gestreckten Armen auf die Dip-Holme. Senken Sie den Körper ab, indem Sie die Arme beugen. Die Ellbogen bleiben dabei so nah wie möglich am Körper, um die Belastung auf die Trizepse zu erhöhen; der Kopf wird in den Nacken gelegt. Am tiefsten Punkt der Bewegung drücken Sie sich mit den Trizepsen kraftvoll wieder in die Ausgangsstellung zurück. *Tip:* Spannen Sie die Trizepse in der oberen (kontrahierten) Position der Bewegung für einige Sekunden voll an. *Alternativübung:* Dips zwischen zwei Bänken.

Dips zwischen zwei Bänken (Trizepse): Stellen Sie zwei Bänke parallel zueinander. Der Abstand von Bank zu Bank beträgt je nach Körpergröße 1,0 bis 1,2 m. Knien Sie sich zwischen die beiden Bänke, mit dem Rücken zur einen und dem Gesicht zur anderen. Greifen Sie mit beiden Händen die Kante der hinter Ihnen stehenden Bank, strecken Sie die Arme ganz durch und plazieren Sie Ihre Fersen auf der anderen Bank. Beugen Sie nun die Ellbogen, bis sich die Oberarme knapp unterhalb der Parallelen zum Boden befinden. Drücken Sie sich anschließend unter Einsatz Ihrer Arme, kraftvoll in die Ausgangsposition zurück. *Tip:* Achten Sie darauf, daß Sie Ihre Trizepse am oberen Punkt der Bewegung voll anspannen.

Fliegende Bewegungen (Brust): Halten Sie in jeder Hand eine Kurzhantel und legen Sie sich rücklings auf eine Bank. Stemmen Sie die Hanteln hoch über Ihre Brust. Senken Sie nun die Arme im Bogen zu beiden Seiten so weit ab, bis Sie eine gute Streckung in der Brustmuskulatur spüren; die Arme werden bei der Abwärtsbewegung nicht durchgestreckt, sondern bleiben leicht gebeugt. Führen Sie nun die Gewichte wieder über der Brust zusammen, so, als würden Sie einen mächtigen Baum umarmen, indem Sie Zug mit den Brustmuskeln ausüben. *Tip:* Spannen Sie die Pectoralis-Muskeln am höchsten Punkt der Bewegung für zwei Sekunden voll an.

Fliegende Bewegungen auf der abwärts geneigten Bank (untere Brust): Halten Sie in jeder Hand eine Kurzhantel und legen Sie sich auf eine Bank mit abwärts geneigter Lehne. Stemmen Sie die Hanteln hoch über Ihre Brust. Senken Sie nun die Arme im Bogen zu beiden Seiten so weit ab, bis Sie eine gute Streckung in der Brustmuskulatur spüren; die Arme werden bei der Abwärtsbewegung nicht durchgestreckt, sondern bleiben leicht gebeugt. Führen Sie nun die Gewichte wieder über der Brust zusammen, so, als würden Sie einen mächtigen Baum umarmen, indem Sie Zug mit den Brustmuskeln ausüben. *Tip:* Spannen Sie die Pectoralis-Muskeln am höchsten Punkt der Bewegung für zwei Sekunden voll an.

Fliegende Bewegungen auf der Schrägbank (obere Brust): Halten Sie in jeder Hand eine Kurzhantel, und legen Sie sich rücklings auf eine Bank deren Lehne etwa 45 Grad aufgestellt ist. Stemmen Sie die Hanteln hoch über Ihre Brust. Senken Sie nun die Arme im Bogen zu beiden Seiten so weit ab, bis Sie eine gute Streckung in der Brustmuskulatur spüren; die Arme werden bei der Abwärtsbewegung nicht durchgestreckt, sondern bleiben leicht gebeugt. Führen Sie nun die Gewichte wieder über der Brust zusammen, so, als würden Sie einen mächtigen Baum umarmen, indem Sie Zug mit den Brustmuskeln ausüben. *Tip:* Spannen Sie die Pectoralis-Muskeln am höchsten Punkt der Bewegung voll an.

Frontkniebeugen (vordere Oberschenkel): Führen Sie diese Übung genauso aus, wie normale Kniebeugen, nur mit dem Unterschied, daß Sie die Langhantel nicht hinter dem Kopf, sondern vorne auf den Schultern plazieren. Kreuzen Sie Ihre Arme vor der Brust, um die Hantel jeweils vor der gegenüberliegenden Schulter zu greifen. Halten Sie die Ellbogen hoch, damit die Stange nicht rollen kann.

Good Mornings (hintere Oberschenkel, unterer Rücken): Legen Sie sich eine beladene Langhantel so auf die Schultern, als wollten Sie Kniebeugen trainieren. Beugen Sie sich nun mit gestreckten Beinen und geradem Rücken in den Hüften so weit vor, bis Ihr Oberkörper parallel zum Boden befindet. Schauen Sie während der Bewegung immer geradeaus nach vorne, um die Balance zu halten. Alternativübung: Kreuzheben mit gestreckten Beinen.

Hammercurls (Bizeps): Führen Sie diese Übung genauso aus, wie normale Kurzhantelcurls, mit dem Unterschied, daß der Daumen während der ganzen Bewegung hindurch nach oben zeigt.

Handgelenkcurls, abwärts geneigte Bank (Unterarmflexoren): Die Bank steht mit einem Ende auf dem Wadenblock. Setzen Sie sich rittlings auf die Bank, greifen Sie eine Langhantel mit engem Untergriff, die kleinen Finger berühren sich. Legen Sie Ihre Unterarme so auf das tiefere Ende der Bank, daß die Hände über das Ende der Bank hinausragen. Ziehen Sie die Hantel körpereinwärts, indem Sie die Unterarmmuskeln auf der Innenseite der Unterarme anspannen. Halten Sie die Kontraktion in der höchsten Position der Bewegung für einige Sekunden, bevor Sie die Hantel bis zur völligen Streckung herablassen.

Handgelenkcurls, aufwärts gestellte Bank (Unterarmflexoren): Die Bank steht mit einem Ende auf dem Wadenblock. Setzen Sie sich rittlings auf die Bank, greifen Sie eine Langhantel im engen Untergriff (die kleinen Finger berühren sich) und stützen Sie die Unterarme auf das höhere Ende der Bank, so daß die Hände überstehen. Ziehen Sie die Hantel aufwärts, bis das Handgelenk eine senkrechte Stellung erreicht. Halten Sie die Kontraktion in der höchsten Position der Bewegung für einige Sekunden, bevor Sie die Hantel langsam bis zur völligen Streckung herablassen.

Handgelenkcurls, revers, abwärts geneigte Bank (Unterarmextensoren): Die Bank steht mit einem Ende auf dem etwa 15 cm hohen Wadenblock. Setzen Sie sich rittlings auf die Bank, greifen Sie eine Langhantel im engen Obergriff (Griff so eng, daß sich die Daumen berühren) und stützen Sie die Unterarme auf das tiefere Ende der Bank, so daß die Hände über das Ende der Bank hinausragen. Ziehen Sie nun durch Kontraktion der äußeren Unterarmmuskeln die Hantel so weit wie möglich zum Körper hin. Am höchsten Punkt der Bewegung spannen Sie die Muskeln an der Oberseite Ihrer Unterarme für einige Sekunden fest an, bevor Sie das Gewicht kontrolliert bis zu ihrer völligen Streckung wieder absenken.

Handgelenkcurls, revers, aufwärts gestellte Bank (Unterarmexten-soren): Die Bank steht mit einem Ende auf dem Wadenblock. Set-zen Sie sich rittlings auf die Bank, greifen Sie eine Langhantel im engen Obergriff (die Daumen berühren sich) und stützen Sie die Unterarme auf das höhere Ende der Bank, so daß die Hände über das Ende der Bank hinausragen. Ziehen Sie nun durch Kontraktion der äußeren Unterarmmuskeln die Hantel so weit wie möglich zum Körper hin. Am höchsten Punkt der Bewegung spannen Sie die Muskeln an der Oberseite Ihrer Unterarme für einige Sekunden fest an, bevor Sie das Gewicht bis zu ihrer völligen Streckung wie-der absenken.

Klimmzüge mit Untergriff (Latissimus dorsi, Bizepse): Greifen Sie die Klimmzugstange schulterbreit mit Untergriff. Ziehen Sie sich mit den Armen hoch, bis Ihre Schlüsselbeine die Stange berühren. Lassen Sie sich bis zur vollen Streckung der Arme wie-der herab und wiederholen Sie. *Alternativübungen:* Rudern, vorge-beugt, mit Untergriff; Latziehen mit Untergriff.

Klimmzüge mit weitem Griff (Latissimus dorsi): Greifen Sie die Klimmzugstange etwas weiter als schulterbreit und ziehen Sie den Körper mit den Rückenmuskeln soweit hoch, bis Ihre Schlüs-selbeine die Stange berühren. Lassen Sie sich bis zur vollen Strek-kung der Arme wieder herab und wiederholen Sie. *Tip:* Stellen Sie einen Stuhl oder eine Bank unter Ihre Füße, um sich für ein paar weitere Wiederholungen abstützen zu können. *Alternativübung:* Latziehen.

Klimmzüge zum Nacken (mittlerer Rücken, Latissimus dorsi): Greifen Sie die Klimmzugstange etwas über schulterbreit und zie-hen Sie den Körper mit den Rückenmuskeln so weit hoch, bis die Stange den Nacken berührt. Lassen Sie anschließend bis zur völli-gen Streckung der Arme hinab und wiederholen Sie. *Tip:* Auf dem Höhepunkt der Bewegung können Sie die Schulterblätter zusammenpressen, um den mittleren Rücken stärker zu belasten. *Alternativübung:* Latziehen zum Nacken.

Klimmzüge zur Brust (Latissimus dorsi): Greifen Sie die Klimmzugstange etwas weiter als schulterbreit und ziehen Sie den Körper mit den Rückenmuskeln so weit hoch, bis Ihre Brust die Stange berührt. Lassen Sie sich nun bis zur völligen Streckung der Arme wieder hinab und wiederholen Sie. *Tip:* Stellen Sie einen Stuhl unter Ihre Füße, um sich für ein paar weitere Wiederholungen abstützen zu können. *Alternativübung:* Latziehen zur Brust.

Kniebeugen (vordere und hintere Oberschenkel, unterer Rükken, Gesäß): Im Heimstudio ist diese Übung etwas gefährlicher als die Kniebeuge auf einem Bein, doch wenn Sie einige Vorsichtsmaßnahmen treffen, ist die Hantelkniebeuge eine der besten Grundübungen überhaupt. Treten Sie unter eine beladene Langhantel, greifen Sie die Stange weit und heben Sie das Gewicht mit den Schultern aus der Ablage. Nun gehen Sie einen Schritt zurück, nehmen einen komfortablen Stand ein und gehen in eine Kniebeuge hinunter, bis sich Ihre Oberschenkel parallel zum Boden befinden. Dann drücken Sie sich mit einer kontrollierten Bewegung wieder nach oben.Für eine bessere Balance können Sie ein kleines Brett oder zwei Hantelscheiben unter Ihre Fersen legen. Blicken Sie während der Ausführung der Übung stets auf einen imaginären Punkt in Kopfhöhe, dann können Sie sich nicht vorbeugen, und vermeiden so eine unnötige Belastung des unteren Rückens. Halten Sie den Oberkörper bei der Abwärts- und Aufwärtsbewegung so aufrecht wie möglich, um die Oberschenkel maximal zu beanspruchen. Achtung: Wenn Sie bis zum Muskelversagen gehen möchten, sollten Sie unbedingt einen Partner zur Seite haben, der Sie bei den letzten Wiederholungen unterstützt.*Tip:* Stellen Sie eine Bank unter Ihr Gesäß. So können Sie nicht zu tief hinunter gehen, und falls Ihnen die letzte Wiederholung nicht mehr gelingt, haben Sie die Möglichkeit, sich im Sitzen etwas auszuruhen und neue Kraft zu sammeln, um dann die Hantel abzulegen.

Kniebeugen auf einem Bein (vordere und hintere Oberschenkel, Gesäß): Diese Übung ist wirklich kein Kinderspiel. Wenn Sie Kniebeugen auf einem Bein hart und bis zum Muskelversagen trainieren, werden Ihre Oberschenkel unglaublich gefordert. Fixieren Sie die Hantelablagen Ihrer Bank etwa auf Schulterhöhe, und legen Sie eine Hantel darauf ab. Stellen Sie sich nun mit einem Fuß auf die Bank, stützen Sie sich mit einem Arm auf die Stange und lassen Sie das freie Bein herunterhängen. Beugen Sie das Standbein tief und drücken Sie sich mit dem Quadrizeps in die Ausgangsstellung zurück. *Tip:* Versuchen Sie, den Oberkörper so aufrecht wie möglich zu halten. Wenn Sie mehr als 15 Wiederholungen schaffen, nehmen Sie eine Kurzhantel zur Hand, und zwar auf der Seite, die gerade trainiert wird. Sollten Sie anfangs noch keine zwei Sätze schaffen, können Sie durch Zug mit dem Haltearm an der Stange etwas nachhelfen. *Alternativübungen:* Hantelkniebeugen, Frontkniebeugen.

Konzentrationscurls, einarmig (Bizepse): Halten Sie eine Kurzhantel in der Hand, beugen Sie Ihren Oberkörper in der Hüfte nach vorn und lassen Sie das Gewicht mit gestrecktem Arm herunterhängen. Führen Sie nun die Hantel durch Zug mit dem Bizeps nach außen zur Schulter hoch; Rumpf und Oberarme bewegen sich nicht. Spannen Sie den Bizeps in der obersten Position der Bewegung voll an, bevor Sie das Gewicht bis zur völligen Streckung des Arms wieder absenken. *Tip:* Drehen Sie während der Aufwärtsbewegung das Handgelenk nach innen (Supination), um die Kontraktion des Bizeps zu verstärken.

Kreuzheben (vordere Oberschenkel, unterer und oberer Rücken, Gesäß): Stellen Sie sich mit schulterweitem Fußabstand vor eine auf dem Boden liegende, beladene Langhantel. Ihre Schienbeine sollten die Stange berühren. Winkeln Sie die Knie an, bis Ihre Oberschenkel sich fast parallel zum Boden befinden und beugen Sie dabei den Oberkörper in der Hüfte vor. Umfassen Sie die Stange mit schulterweitem Wechselgriff (eine Hand greift im Obergriff, die andere im Untergriff). So verstärken Sie Ihre Griffkraft und vermeiden, daß sich die Hände bei schwerem Gewicht öffnen und Sie den Griff verlieren. In der Ausgangsposition sind die Knie gebeugt, der Rücken zum Hohlkreuz gewölbt, die Arme gestreckt und der Kopf liegt im Nacken (Blickrichtung nach oben).

Atmen Sie tief ein, halten Sie den Atem an und heben Sie das Gewicht zunächst unter Einsatz der Beinmuskulatur. Setzen Sie den Rücken erst ein, wenn sich die Hantel etwa auf Höhe der Knie befindet. Jetzt sollten Sie auch mit dem Ausatmen beginnen. Richten Sie sich auf, bis Sie gerade stehen. Strecken Sie die Brust heraus und nehmen Sie die Schultern zurück. Vermeiden Sie ein Hohlkreuz in der oberen Position. Atmen Sie erneut ein und senken Sie die Hantel auf den Boden herab. Führen Sie die Hantelstange sowohl bei der Aufwärts- wie auch bei der Abwärtsbewegung immer so nah wie möglich an den Beinen entlang und lassen Sie die Arme die ganze Zeit gestreckt. Holen Sie zwei- oder dreimal tief Luft und wiederholen Sie die Übung. *Tip:* Sie können Kreuzheben auch im sogenannten »Sumo-Stil« ausführen. Stellen Sie dafür Ihre Füße sehr weit auseinander (etwa 1 Meter) und greifen Sie die Hantel mit schulterweitem Wechselgriff.

Kreuzheben mit gestreckten Beinen (hintere Oberschenkel, Gesäß, unterer Rücken): Diese Übung belastet die hinteren Oberschenkel, den unteren Rücken und das Gesäß wirklich hart. Legen Sie eine Langhantel in die Ablagen Ihrer Bank. Dann stellen Sie sich auf die Bank, heben die Hantel an und treten einen Schritt nach hinten. Mit gestreckten Armen beugen Sie den Oberkörper in der Hüfte vor und führen dabei das Gewicht so nah wie möglich an den Beinen herunter. Wenn Sie mit der Hantel die Bank beinahe berühren, kehren Sie die Bewegung wieder um und ziehen Ihren Körper langsam wieder in die aufrechte Haltung. *Tip:* Wenn Sie mit einer Hand im Ober- und der anderen im Untergriff fassen, haben Sie die Hantel bei schweren Gewichten besser unter Kontrolle. Sie können sich, statt auf die Bank, auch mit geschlossenen Beinen auf einen Wadenblock stellen und die Langhantel vom Boden aufnehmen. Bei erhöhtem Stand können Sie die Hantel weiter ablassen und die Zielmuskeln besser dehnen. Alternativübung: Für die hinteren Oberschenkel können Sie auch Beincurls ausführen. Allerdings können Sie beim Kreuzheben mehr Gewicht bewegen und der untere Rücken wird ebenfalls trainiert.

Kurzhantelcurls auf der Schrägbank (Bizeps): Nehmen Sie die Kurzhanteln in die Hände und setzen Sie sich auf eine Bank, deren Lehne etwa 45 Grad gestellt ist. Lassen Sie die Arme zu den Seiten herabhängen, dann ziehen Sie beide Hanteln durch Zug mit den Bizepsen gleichzeitig zu den Schultern. Die Oberarme bewegen sich dabei nicht. Senken Sie die Gewichte bis zur vollen Streckung der Arme wieder ab. *Tip:* Supinieren Sie die Hände während des Curls. Dazu starten Sie die Bewegung mit nach innen zeigenden Handgelenken und drehen sie während des Curls einwärts (Supination); in der oberen Position der Bewegung zeigen die kleinen Finger nach innen.

Kurzhantelcurls, sitzend (Bizeps): Setzen Sie sich auf das Ende einer Bank; rechts und links eine Kurzhantel in der Hand. Drehen Sie die Handflächen nach vorn und heben Sie die Gewichte durch Zug mit den Bizepsen gleichzeitig zu den Schultern hin an. Senken Sie die Gewichte nun langsam wieder ab. *Tip:* Supinieren Sie die Hände während des Curls. Dazu starten Sie die Bewegung mit zueinander zeigenden Handgelenken und drehen die Hände während der Curl-Bewegung einwärts (Supination); in der oberen Position der Bewegung zeigen die kleinen Finger nach innen.

Kurzhantel-Konzentrationscurls (Bizepse): Halten Sie eine Kurzhantel in der Hand, beugen Sie Ihren Oberkörper in der Hüfte nach vorn und lassen Sie das Gewicht mit gestrecktem Arm herunterhängen. Führen Sie nun die Hantel durch Zug mit dem Bizeps nach außen zur Schulter hoch; Rumpf und Oberarme bewegen sich nicht. Spannen Sie den Bizeps in der oberen Position der Bewegung für etwa zwei Sekunden voll an, bevor Sie das Gewicht bis zur völligen Streckung des Arms wieder absenken. *Tip:* Drehen Sie während der Aufwärtsbewegung das Handgelenk nach innen (Supination), um die Kontraktion des Bizeps zu verstärken.

Kurzhantelrudern, liegend, auf einer Schrägbank (mittlerer Rücken): Halten Sie in jeder Hand eine Kurzhantel und legen Sie sich bäuchlings auf eine Schrägbank. Lassen Sie die Arme seitlich herabhängen. Ziehen Sie die Hanteln mit der Rückenmuskulatur bis zu Ihren vorderen Schultermuskeln hoch, indem Sie die Ellbogen beugen und auswärtsstellen. In der obersten Position ist der Ellbogen der höchste Punkt des Körpers. Pressen Sie die Schulterblätter für zwei Sekunden fest zusammen, bevor Sie die Arme wieder senken und weitere Wiederholungen ausführen. *Alternativübung:* Seitheben, vorgebeugt mit angewinkelten Armen.

Langhantelcurls (Bizepse): Stehen Sie aufrecht und halten Sie eine beladene Langhantel mit etwa schulterweitem Untergriff. Die Arme sind gestreckt, die Handflächen zeigen nach vorn. Heben Sie das Gewicht durch Zug mit den Bizepsen bis auf Schulterhöhe, ohne mit dem Körper Schwung zu holen; die Oberarme bleiben am Oberkörper angelegt. *Tip:* Wenn Sie sich leicht vorbeugen, übt das Gewicht in der oberen Position der Bewegung einen stärkeren Widerstand auf die Bizepse aus; die Übung wird schwerer. *Alternativübungen:* sitzende oder wechselseitige Kurzhantelcurls.

Langhantel-Konzentrationscurls (Bizepse): Beugen Sie den Oberkörper in der Hüfte nach vorn und greifen Sie eine auf dem Boden vor Ihnen liegende Langhantel mit schulterweitem Untergriff. Halten Sie die Arme gestreckt und heben Sie den Oberkörper leicht an, bis die Gewichtsscheiben der Langhantel den Boden nicht mehr berühren. Führen Sie nun die Hantel durch Zug mit den Bizepsen nach oben zur Nase hoch. Spannen Sie die Bizepse in der oberen Position der Bewegung für zwei Sekunden voll an, bevor Sie das Gewicht bis zur völligen Streckung der Arme wieder absenken. *Tip:* Variieren Sie die Griffweite, um die Anspannung im Bizeps zu verstärken.

Langhantelcurls, revers (Unterarmextensoren, Bizepse, Brachialis): Ausführung wie reguläre Langhantelcurls, doch die Hantel wird mit Obergriff gehalten. Mit dieser Übung trainieren Sie die gesamten Unterarme, sowie den Brachialis links und rechts — einen Muskel, der zwischen Bizeps und Trizeps an der Außenseite des Oberarms liegt. Wählen Sie einen schulterbreiten Obergriff, stehen Sie aufrecht und heben sie die Hantel bis zu den Schultern, bevor Sie das Gewicht wieder absenken. *Tip:* Eine SZ-Stange sorgt für Variation.

Liegestütz mit erhöhten Beinen (gesamte Brust): Eine wirklich effektive Übung, bei der man aber das Gewicht nicht erhöhen kann. Wenn Sie also mehr als 15 Wiederholungen schaffen, sollten Sie zu Bankdrücken übergehen. Nehmen Sie die reguläre Position für den Liegestütz ein, die Hände etwas mehr als schulterbreit auseinander, die Ellbogen müssen nach außen zeigen, die Füße ruhen auf einer Bank (je höher die Füße liegen, desto schwerer wird die Übung). In der unteren Position berühren Sie mit der Brust den Boden. Wenn Sie den Kopf in den Nacken legen, belasten Sie die mittlere und untere Brust stärker. *Tip:* Legen Sie etwas von der Dicke eines Telefonbuches unter jede Hand, um eine bessere Deh-

159

nung zu erzielen (in guten Sportgeschäften können Sie auch spezielle Griffe erwerben). *Alternativübungen:* Dips mit ausgestellten Ellbogen, Bankdrücken.

Military Press (Schultern): Nehmen Sie eine beladene Langhantel vom Boden auf und halten Sie das Gewicht vor der Brust. Die Ellbogen zeigen nach unten und die Hantel ruht auf den Handflächen. Halten Sie den Körper so aufrecht wie möglich und drücken Sie die Hantel vor dem Kopf hoch, um sie dann wieder zur Brust abzulassen. *Tip:* Drücken Sie die Hantel nicht bis zur völligen Streckung der Arme über Kopf. Die Schultern werden so kontinuierlich belastet, da die Hantel in der obersten Position der Bewegung nicht auf den gestreckten Armen ruht.

Nackendrücken (Schultern): Legen Sie eine beladene Langhantel in die Ablage Ihrer Bank. Setzen Sie sich mit dem Rücken zum Gewicht auf die Bank und nehmen Sie die Langhantel aus der Ablage. Drücken Sie diese hinter dem Kopf hoch, bis die Arme völlig gestreckt sind, bevor Sie das Gewicht zum Nacken absenken. Tip: Versuchen Sie einen Satz, bei dem Sie die Arme nicht völlig durchstrecken. *Alternativübungen:* Nackendrücken, stehend; Nackendrücken mit Kurzhanteln.

Nackendrücken mit Kurzhanteln (Schultern): Setzen Sie sich auf eine Bank. Nehmen Sie eine Kurzhantel in jede Hand und halten Sie diese neben den Schultern. Drücken Sie die Gewichte hinter dem Kopf hoch und lassen Sie sie langsam wieder zu den Schultern herab. Die Handflächen sollten dabei nach vorn zeigen und der Oberkörper aufrecht gehalten werden. *Tip:* Sie können auch alternierend arbeiten – die eine Hantel wird gesenkt, während die andere gedrückt wird. *Alternativübungen:* Nackendrücken mit einer Langhantel, Military Press.

Rudern, stehend, mit engem Griff (Trapezius und Schultern): Halten Sie eine Langhantel mit engem Griff; Hände etwa zwanzig

Zentimeter auseinander. Benutzen Sie einen Oberhand-Griff, bei dem der Daumen die Hantelstange nicht umschließt. Stehen Sie aufrecht und strecken Sie die Arme durch. Jetzt ziehen Sie das Gewicht zum Kinn. Führen Sie die Hantel immer eng am Körper. Senken Sie das Gewicht anschließend langsam ab und wiederholen Sie die Übung.

Rudern, stehend, mit Kurzhanteln (Schultern): Stehen Sie aufrecht, mit einer Kurzhantel in jeder Hand. Die Handflächen zeigen nach hinten. Ziehen Sie nun die Kurzhanteln mit den Schultermuskeln nah am Körper bis auf Brusthöhe hoch. Absenken und wiederholen. *Tip:* Halten Sie die Hände etwas weiter als schulterbreit auseinander, um auch die seitlichen Muskelköpfe zu trainieren. *Alternativübung:* Langhantelrudern, stehend.

Rudern, stehend, mit weitem Griff (Schultern): Halten Sie eine Langhantel mit weitem Griff; Hände etwas weiter als schulterbreit auseinander. Stehen Sie aufrecht und strecken Sie die Arme durch. Jetzt ziehen sie das Gewicht hoch bis etwa zur Mitte Ihrer Brust. Führen Sie die Hantel immer eng am Körper. Senken Sie das Gewicht anschließend langsam ab und wiederholen Sie die Übung. Falls Sie bei dieser Übung Schmerzen in den Handgelenken oder Schultern bekommen, können Sie auch Kurzhanteln, anstatt einer Langhantel, verwenden. *Tip:* Verwenden Sie ab und zu einmal leichteres Gewicht und ziehen Sie die Hantelstange bis zur Nase herauf, anstatt auf Höhe der Brust zu stoppen. Alternativübungen: Kurzhantelrudern stehend, Seitheben (stehend oder sitzend).

Rudern, vorgebeugt (mittlerer Rücken): Beugen Sie sich in der Hüfte nach vorn, greifen Sie eine beladene Langhantel mit mehr als schulterbreitem Obergriff und ziehen Sie diese mit den Rückenmuskeln zum Bauch. Halten Sie dabei die Ellbogen nach außen und den Oberkörper parallel zum Boden; der Kopf wird in den Nacken gelegt. *Tip:* Wenn Sie die Hantel im Untergriff halten und die Ellbogen eng an den Körper bringen, werden die unteren Partien des Latissimus dorsi stärker belastet. Alternativübungen: Rudern, vorgebeugt, mit einer Kurzhantel (besser geeignet für jene, die Probleme mit dem unteren Rücken entwickeln); Rudern bäuchlings auf einer Schrägbank.

Rudern, vorgebeugt, mit einer Kurzhantel (Rücken): Halten Sie in einer Hand eine Kurzhantel und beugen Sie sich in der Hüfte nach vorn. Lassen Sie dabei das Gewicht am ausgestreckten Arm herabhängen und stützen Sie sich mit der freien Hand auf eine Bank. Ziehen Sie nun die Hantel mit der Rückenmuskulatur der betreffenden Körperseite bis zur Schulter hoch. In der oberen Position der Bewegung ist der Ellbogen der höchste Punkt des Körpers; die Handfläche ist einwärts gedreht. Senken Sie das Gewicht wieder ab und wiederholen Sie. Trainieren Sie abwechselnd beide Seiten des Latissimus dorsi. *Tip:* Spannen Sie Ihre Rückenmuskeln am höchsten Punkt der Bewegung voll an. *Alternativübung:* Rudern, vorgebeugt, mit einer Langhantel.

Rudern, vorgebeugt, mit Untergriff (Latissimus dorsi): Ausführung wie normales Rudern mit einer Langhantel, mit der Ausnahme, daß Sie einen schulterbreiten Untergriff verwenden und die Ellbogen nah am Oberkörper halten. *Alternativübungen:* Klimmzüge mit Untergriff, Latziehen mit Untergriff.

Seitheben (Schultern): Stehen Sie aufrecht mit einer Kurzhantel in jeder Hand. Die Hanteln sollten mit gestreckten Armen vor den Oberschenkeln gehalten werden, die Handflächen zueinander gedreht. Heben Sie die Gewichte nun mit leicht gebeugten Armen bis auf Schulterhöhe an. Halten Sie die Kontraktion in den Deltoidmuskeln für eine Sekunde, bevor Sie die Gewichte wieder ablassen. *Tip:* Die Knöchel der kleinen Finger müssen in der oberen Position der Bewegung nach oben zeigen und die Daumen nach unten, so als wären die Hanteln Kannen, aus denen Sie Wasser ausgießen möchten. *Alternativübung:* Langhantelrudern, stehend.

Seitheben auf der Schrägbank, einarmig (Schultern): Legen Sie sich mit der rechten Körperseite auf eine Bank mit leicht erhöhter Lehne; eine Schulter ruht auf der Bank. Halten Sie eine Hantel in der linken Hand und führen Sie Kurzhantel-Seitheben aus. Durch die Schräglage wird der Deltoid in der unteren Position voll gedehnt. Wechseln Sie anschließend die Lage, um die andere Schulter zu trainieren. *Tip:* Halten Sie die Kurzhantelstange immer parallel zum Boden. *Alternativübung:* Seitheben am Kabelzug.

Seitheben, vorgebeugt, mit angewinkelten Armen (mittlerer Rücken): Stehen Sie aufrecht mit einer Kurzhantel in jeder Hand. Beugen Sie sich in der Hüfte vor, bis Ihr Oberkörper parallel zum Boden ist. Halten Sie die Ellbogen leicht gebeugt und heben sie die Arme seitwärts an, bis sie ebenfalls parallel zum Boden, oder höher, sind. Pressen Sie in der obersten Position Ihre Schulterblätter für etwa zwei Sekunden fest an, bevor Sie die Arme wieder ablassen. *Tip:* Schleudern Sie die Hanteln nicht einfach seitwärts hoch; konzentrieren Sie sich auf die Kontraktion Ihrer Rückenmuskeln.

Schrägbankdrücken (obere Brust): Legen Sie sich rücklings auf eine Schrägbank, deren Rückenteil auf etwa 35 Grad hochgestellt ist. Greifen Sie die Langhantel etwas über Schulterbreite, Handflächen nach vorn, und heben Sie das Gewicht aus der Ablage. Strecken Sie die Arme durch, dann senken Sie die Hantel zur Brust hin ab und drücken sie wieder hoch. *Tip:* Um die oberen Brustmuskeln noch stärker zu belasten, sollten Sie die Hantel nicht ganz durchdrücken. Stoppen Sie einfach bei 2/3 des Bewegungsablaufes und senken Sie die Hantel dann wieder ab. *Alternativübung:* Schrägbankdrücken mit Kurzhanteln.

Schrägbankdrücken mit Kurzhanteln (obere Brust): Ausführung wie beim Schrägbankdrücken, doch werden hier Kurzhanteln eingesetzt. Halten Sie die Gewichte zu beiden Seiten des Körper in Höhe der Schultern und drücken Sie die Hanteln nach oben; die Ellbogen werden dabei seitlich ausgestellt. Spannen Sie die Brustmuskeln in der oberen Position der Bewegung fest an, bevor Sie die Gewichte wieder auf Schulterhöhe ablassen. *Tip:* Führen Sie einen Satz mit den Handflächen zueinander aus und den nächsten mit den Handflächen nach vorn, um die oberen Pectoralismuskeln aus verschiedenen Winkeln zu belasten. Halten Sie Ihren unteren Rücken immer flach auf der Bank. *Alternativübung:* Schrägbankdrücken mit einer Langhantel.

Schulterblattrotieren, vorgebeugt (Latissimus dorsi): Stehen Sie aufrecht mit einer Kurzhantel in jeder Hand. Beugen Sie sich in der Hüfte vor, bis Ihr Oberkörper parallel zum Boden ist. In der Ausgangsposition hängen die Arme gerade herab und die Handflächen zeigen nach innen. Heben Sie die leicht angewinkelten Arme nach hinten an, bis sie sich oberhalb des Körpers befinden. Die Endposition gleicht der von Trizeps-Kickbacks, mit dem Unterschied, daß die Ellbogen leicht gebeugt sind. Spannen Sie die Latissimi in dieser Position für etwa zwei Sekunden voll an, bevor Sie die Arme wieder senken. *Alternativübung:* Latziehen mit gestreckten Armen.

Schulterheben, vorgebeugt (Trapezius): Greifen Sie eine Langhantel mit schulterbreitem Obergriff und stehen Sie aufrecht. Winkeln Sie die Knie ein wenig an und beugen Sie sich in der Hüfte leicht vor. In der Ausgangsposition hängen Ihre Arme gestreckt herab und der Rücken befindet sich im Hohlkreuz. Heben Sie die Schultern unter Einsatz der Trapezmuskeln bis an die Ohren und halten Sie diese Position für etwa zwei Sekunden. Lassen Sie die Hantel anschließend wieder in die Ausgangsposition sinken und schließen Sie weitere Wiederholungen an.

Scottcurls (Bizepse): Setzen Sie sich an eine Scottbank und greifen Sie eine Langhantelstange mit schulterbreitem Untergriff. Die obere Kante der Auflage sollte fast Ihre Achselhöhlen berühren, der Oberkörper ist aufrecht, die Brust ruht vorn auf dem Polster. Ziehen Sie nun die Hantelstange unter Einsatz Ihrer Bizeps hoch, bis in die Nähe Ihrer Nase. Verharren Sie in der obersten Position für etwa zwei Sekunden und spannen Sie Ihre Bizeps dabei hart an, bevor Sie die Hantel langsam wieder in die Ausgangsposition herunterlassen. *Tip:* Variieren Sie die Griffweite, um die Bizepse unterschiedlich zu belasten.

Sissy-Kniebeugen (vordere Oberschenkel): Stehen Sie neben den Ablagen Ihrer Hantelbank und stützen Sie sich mit einer Hand ab. Stellen Sie sich auf die Zehenspitzen und beugen Sie den Oberkörper zurück; die Beine werden dabei gebeugt. Gehen Sie so weit hinunter wie möglich, der Oberkörper befindet sich dabei auf einer Linie mit den Oberschenkeln – die Hüfte wird nicht gebeugt (die untere Position bei dieser Übung erinnert an die Haltung eines Limbotänzers). Jetzt kommen die vorderen Oberschenkel ins Spiel: Ziehen Sie sich mit der Kraft dieser Muskeln wieder hoch. *Tip:* Für eine bessere Balance können Sie ein kleines Brett oder zwei Hantelscheiben unter Ihre Fersen legen. Halten Sie mit der freien Hand eine Hantelscheibe vor die Brust, wenn Sie dafür stark genug sind.

Trizeps-Kickbacks (Trizepse): Nehmen Sie eine Kurzhantel in die Hand und beugen Sie den Oberkörper vor, bis er sich parallel zum Boden befindet. Halten Sie den Oberarm am Körper, der Unterarm hängt herab. Strecken Sie nun durch Kontraktion des Trizeps den Arm, bis sich Ober- und Unterarm am höchsten Punkt der Bewegung parallel zum Boden befinden. Senken Sie die Hantel wieder, ohne den Oberarm zu bewegen. Wenn Sie einen Satz beendet haben, wechseln sie zum anderen Arm. *Tip:* Führen sie einen Satz mit den Handkanten nach oben aus; einen mit den Handkanten nach außen. *Alternativübung:* Trizepsdrücken, einarmig.

Trizepsdrücken mit Kurzhanteln, liegend (Trizepse): Nehmen Sie zwei Kurzhanteln und legen Sie sich rücklings auf eine Bank. Stemmen Sie die Hanteln hoch über die Brust; die Handflächen zueinander gekehrt. Aus dieser Position senken Sie die Hanteln durch Beugen der Unterarme vorsichtig bis auf Höhe der Ohren ab. Halten Sie die Ellbogen dabei so eng zusammen, wie möglich. Bringen Sie durch Zug mit den Trizepsen die Gewichte wieder nach oben. Die Oberarme werden dabei völlig ruhig gehalten, lediglich die Unterarme bewegen sich. *Tip:* Neigen Sie die Oberarme etwas nach hinten, um die Belastung auf die Trizepse zu erhöhen. *Alternativübung:* Trizepsdrücken mit der Langhantel, liegend.

Trizepsdrücken mit der Langhantel, liegend (Trizepse): Ausführung wie Trizepsdrücken mit Kurzhanteln, doch mit einer Langhantel die mit engem Obergriff gehalten wird. Die Oberarme werden nicht bewegt, nur die Unterarme senken sich soweit, daß die Hantelstange die Stirn fast berührt. Sie können die Hantel auch bis hinter den Kopf herablassen, wenn Ihnen das Drücken zur Stirn Schmerzen in den Ellbogen bereitet. Ziehen Sie das Gewicht anschließend mit den Trizepsen bis zur völligen Streckung der Arme wieder hoch. *Tip:* Halten Sie die Oberarme parallel und etwas nach hinten geneigt. *Alternativübung:* Trizepsdrücken mit Kurzhanteln, liegend.

Trizepsdrücken über Kopf, sitzend (Trizepse): Diese Übung läßt sich am besten mit einer SZ-Stange ausführen. Halten Sie die Hantelstange in der Mitte, mit etwa einer Handbreit Platz zwischen den Daumen. Drücken Sie die Hantel bis zur Streckung der Arme über den Kopf. Jetzt senken Sie das Gewicht hinter den Kopf ab, ohne die Oberarme zu bewegen. Wenn eine volle Streckung der Trizepse erreicht ist, drücken Sie die Hantel wieder über Kopf.

Überzüge (Latissimus dorsi): Setzen Sie sich auf das Ende einer Bank und nehmen Sie eine beladene SZ-Stange mit schulterbreitem Obergriff vom Boden auf. Legen Sie sich nun rücklings auf die Bank; der Kopf ragt über das Ende hinaus. Führen Sie die Hantel mit nicht ganz gestreckten Armen weit über den Kopf nach hinten, bis Sie eine deutliche Streckung in der Rückenmuskulatur spüren. Mit gebeugten Armen ziehen Sie dann die Hantel bis zur Brust. *Tip:* Sie können diese Übung auch mit gestreckten Armen ausführen, doch sollten Sie dann das Gewicht nicht unter das Niveau der Bank absenken, um Schulterverletzungen auszuschließen.

Wadenheben auf einem Bein (Waden): Stehen Sie auf dem Wadenblock und halten Sie auf der zu trainierenden Seite eine Kurzhantel in der Hand (oder tragen Sie einen Gewichtgürtel mit ausreichend Gewicht). Halten Sie sich mit der freien Hand irgendwo fest und stellen Sie den Fußballen auf die Kante des Wadenblocks. Senken Sie die Ferse bis zur völligen Streckung der Wadenmuskeln, dann drücken Sie den Körper durch Kontraktion der Wadenmuskeln so hoch wie möglich. *Tip:* Versuchen Sie, beim Heben mehr Druck auf den großen Zeh zu leiten, um die Innenseite der Wade stärker zu belasten. *Alternativübung:* Wadenheben, stehend.

Wadenheben, stehend (Waden): Stehen Sie auf dem Wadenblock und halten Sie eine Kurzhantel in der Hand. Halten Sie sich mit der freien Hand irgendwo fest, stellen Sie die Fußballen auf die Kante des Wadenblocks. Senken Sie die Fersen bis zur völligen Streckung der Wadenmuskeln, dann drücken Sie den Körper durch Kontraktion der Wadenmuskeln so hoch wie möglich. Führen Sie die Übung so lange aus, bis Ihre Waden »brennen«. Das Tempo der Wiederholungen sollte hoch sein, doch ohne Schwung. *Tip:* Beugen Sie sich vor und stützen Sie sich mit den Händen an der Wand ab, um eine bessere Dehnung zu erzielen.

Wadenheben, vorgebeugt (Waden): Stehen Sie mit den Fußballen auf einem Wadenblock und beugen Sie Ihren Oberkörper vor, bis er sich parallel zum Boden befindet. Stützen Sie sich mit den Händen auf eine Stuhllehne oder einen Tisch. Der Trainingspartner setzt sich nun auf Ihren Rücken. Sollten Sie mehr Gewicht benötigen, kann er noch eine Gewichtsscheibe halten. *Tip:* Wenn Sie allein trainieren, legen sie einen mit Hantelscheiben bestückten Gewichtgürtel an. So können Sie vorgebeugtes Wadenheben auch ohne Partner ausführen.

* * *

novagenics.com

Fordern Sie unseren Gratis-Katalog an.

Novagenics (gegründet 1988) verlegt und vertreibt Bücher über Training, Diät und Leistungsernährung, sowie ausgewählte Trainingsausrüstung und Sporternährung zu Discount-Preisen. Fordern Sie mit dieser Postkarte (das Porto übernimmt Novagenics) unseren aktuellen Gratis-Katalog an.

☐ **Ja, senden Sie mir umgehend den aktuellen Novagenics-Katalog.**

Gratis-Katalog per Telefon: +49 (0) 2932-28982, Fax 26362

Ihre Meinung ist sehr wichtig! Bitte helfen Sie uns, den Kundenservice weiter zu verbessern:

Kreuzen Sie einfach an, welche Noten auf der Skala von 1 (sehr gut) bis 6 (ungenügend) wir Ihrer Meinung nach verdient haben. Danke.

Welches Novagenics-Buch haben Sie gelesen?

Buch A ....

Buch B ....

Buch C ....

Wie hat es Ihnen gefallen?	**Wie war die sprachliche Qualität?**	**War es sein Geld wert?**
Buch A 1 2 3 4 5 6	Buch A 1 2 3 4 5 6	Buch A 1 2 3 4 5 6
Buch B 1 2 3 4 5 6	Buch B 1 2 3 4 5 6	Buch B 1 2 3 4 5 6
Buch C 1 2 3 4 5 6	Buch C 1 2 3 4 5 6	Buch C 1 2 3 4 5 6

Wie bewerten Sie die anderen Leistungen von Novagenics?

Ehrlichkeit (Stimmen unsere Aussagen in Anzeigen und Katalog?)	Erfüllt unsere Kundenbetreuung Ihre Erwartungen? (z.B. Freundlichkeit am Telefon)	Reaktionszeit (wurde Ihre Bestellung schnell zugesandt?)
1 2 3 4 5 6	1 2 3 4 5 6	1 2 3 4 5 6

Kulanz / Garantie (haben wir Ihre Beschwerden / Reklamationen richtig behandelt? Oder glauben Sie, daß wir Sie im Falle einer Reklamation voll zufriedenstellen würden?)		Wie bewerten Sie Novagenics im Vergleich zu anderen Sportverlagen?
1 2 3 4 5 6	Waren die Versandkosten tragbar für Sie? 1 2 3 4 5 6	1 2 3 4 5 6

Was können wir verbessern? ....

....

Was machen andere besser? ....

....

novagenics.com

Wenn Sie mehr über Novagenics und unsere Bücher zu den Themen Diät & Leistungsernährung, Nahrungsergänzungen & Supplements, Training für Bodybuilding & Fitness, sowie unser Angebot an Trainingsausrüstung und unseren Sporternährungs-Discount erfahren möchten, bestellen Sie unseren aktuellen Gratis-Katalog mit dieser Postkarte, oder rufen Sie einfach an unter +49 (0) 2932 - 28982. Sie können den Katalog auch per Fax ordern +49 (0) 2932 - 26362, per Brief (Novagenics • Postfach 1163 • 59701 Arnsberg, Deutschland), oder per E-Mail (info@novagenics.com).

Wir würden uns freuen, wenn Sie die kurzen Fragen auf dieser Postkarte ebenfalls beantworten würden. Ihre Meinung interessiert uns sehr; wir sind stets bemüht, unseren Service nach Ihren Wünschen zu gestalten. Dafür brauchen wir aber ein „Feedback" von unseren Kunden. Vielen Dank für Ihr Verständnis.

✂ Hier bitte Ihre Adresse eintragen

Vorname

Nachname

Straße

Straße

Land | PLZ | Ort

Ort

Telefon-Nr. für eventuelle Rückfragen

email-Adresse

email-Adresse

NE PAS AFFRANCHIR

NICHT FREIMACHEN

LUFTPOST
PAR AVION
PRIORITAIRE

RÉPONSE PAYÉE / WERBEANTWORT
ALLEMAGNE

Novagenics Verlag

Postfach 1163

D-59701 Arnsberg